U0367898

电子商务
网店推广与营销

曹明元 主编　龚琳 牛永强 副主编　华唐教育 组编

清华大学出版社
北　京

内 容 简 介

　　本书全面介绍了电子商务网店推广与营销的相关知识和技能。其中既包括网店营销的基础知识、网店营销的基本方法、网络广告、网络营销面临的安全威胁等内容,B2C平台网络营销、市场和产品分析、客户服务和关系营销、订单处理、B2C的数据化营销、社会化媒体(论坛、微博、微信、百科)网络营销、SEM营销、竞价排名、网络营销引导等实战方法与技巧。此外,本书还包含丰富的案例分享、网店图片、实训任务、思考与练习等内容,有助于帮助学习者在最短的时间内全面掌握网店推广与营销的方法与技巧,具备实战操作能力。

本书封面贴有清华大学出版社防伪标签,无标签者不得销售。

版权所有,侵权必究。侵权举报电话:010-62782989 13701121933

图书在版编目(CIP)数据

　　电子商务网店推广与营销/曹明元主编 . —北京:清华大学出版社,2015(2020.9 重印)
　　ISBN 978-7-302-41319-6

　　Ⅰ.①电…　Ⅱ.①曹…　Ⅲ.①电子商务－高等学校－教材　Ⅳ.①F713.36

　　中国版本图书馆 CIP 数据核字(2015)第 213276 号

责任编辑:张　莹
封面设计:傅瑞学
责任校对:王荣静
责任印制:宋　林

出版发行:清华大学出版社
　　　　网　　　址:http://www.tup.com.cn, http://www.wqbook.com
　　　　地　　　址:北京清华大学学研大厦 A 座　　　　邮　　编:100084
　　　　社 总 机:010-62770175　　　　邮　　购:010-62786544
　　　　投稿与读者服务:010-62776969, c-service@tup.tsinghua.edu.cn
　　　　质量反馈:010-62772015, zhiliang@tup.tsinghua.edu.cn
印 装 者:北京鑫海金澳胶印有限公司
经　　销:全国新华书店
开　　本:185mm×230mm　　　　　　**印　张:**9.25　　　　**字　　数:**142 千字
版　　次:2015 年 9 月第 1 版　　　　　　　　　　**印　　次:**2020 年 9 月第 5 次印刷
定　　价:23.00 元

产品编号:063724-01

前　言

　　进入 21 世纪,随着电子商务的发展,网上购物已成为中国网民日渐青睐的消费模式,改变着人们的生活习惯与经营理念。网店潜在的市场前景,使它在下一步的发展中极有可能成为新的极具竞争力和生命力的新型业态,并引发零售业的又一次革命。正如比尔·盖茨所言:"21 世纪要么电子商务,要么无商可务。"据商务部预计,未来五年电子商务交易额将保持年均 20% 以上的增长速度。"十二五"期间,电子商务被列入战略性新兴产业的重要组成部分,将是下一阶段信息化建设的重心。

　　伴随着电子商务的高速发展,对相关人才的需求也急剧增长。据有关数据显示,未来 10 年我国电子商务人才缺口达 200 多万,电子商务人才,尤其是网店推广与营销人才的普遍匮乏已成为制约电商进一步应用与发展的重要因素。

　　目前,我国的网店如雨后春笋般不断发展,在这个过程中,要想脱颖而出,增强自身店铺的竞争力,就要掌握网店推广与营销的方法和策略,只有在推广中找到合适的定位才能达到理想的营销效果。因此,本书以电子商务网店的推广与营销为主要内容,根据项目课程开发思路编写教材内容,将理论知识与项目、任务融合在一起,通过任务来构建学生所需要的理论知识。本书全面介绍并引导学生训练的内容包括网店营销基本方法、B2C 平台网络营销、社会化媒体网络营销、SEM营销等内容,并指导学生进行项目实训,切实帮助学生掌握网店营销与推广的基础知识和职业能力。

编者

2015 年 6 月

目　录

项目一
了解网店营销

网店营销的理论基础来源于传统营销。和传统营销相互结合,以计算机网络和无线移动网络为平台,通过计算机端店铺展示和无线移动端店铺展示,把市场上面的产品通过销售手段提供给有需求的客户。网店营销的目的是实现总体经营目标。

网店营销打破了传统销售方式的地域和信息传递的限制,可以帮助消费者更加便捷地购物。网络营销的环境使商家营销可以更加精准。商家可以收集消费者的购买意愿进行数据分析,为消费者提供小批量、多批次、特性化的商品和服务。商家还能通过在线发布调研问卷等活动,获取最新的信息资料。网店营销减少了分销环节,扩大了销售范围,使商家的广告投放更加精准有效。

网店营销的核心策略如下:

1. 商品展示策略

商品展示策略要紧密围绕消费者体验。要将产品的信息和特点准确、便捷地展示给消费者。

2. 商品搜索策略

一个电子商务网站通常会存放上万甚至百万个商品。这就导致单个商品展示页面访问数较少,网店必须通过多种商品搜索方法的优化来提高商品展示机会。

3. 退换货策略

退换货的策略方法应首先和同类竞争店铺比较,先达到行业平均水平。然后再根据实际运营的成本情况,有选择、有条件地提供更有吸引力的退换货条件。这种策略还要和其他营销手段相结合,例如会员制或促销商品等。

4. 购买体验策略

购买体验是网店营销最基础和最重要的环节。建立购买体验研究体系,通过调研和数据分析等方式,研究消费者在网店每个环节的操作诉求,从而优化网店的使用方式和流程,获取客户的更高满意度,使客户有更好的购买体验。

5. 会员管理策略

会员管理策略的重点在于如何获取消费者的真实有效信息,以及如何保持消费者在网店的活跃度。

本项目需要学习和完成以下任务:

▶ 任务1 网店营销知识

▶ 任务2 网店营销基本方法

▶ 任务3 了解网络广告

▶ 任务4 网络营销面临的安全威胁

任务 1　网店营销知识

☼ 任务目标

一、了解营销的概念；

二、理解网店营销的概念；

三、了解网店营销的主要展示平台；

四、理解网店营销和传统营销的主要区别。

☼ 知识储备

一、传统营销

产品的销售离不开营销。营销是指商家充分挖掘产品的特点，让消费者或有需求的人们了解产品进而购买该产品。传统的线下营销还要考虑销售渠道和传播渠道。例如，制药厂要想在线下打开市场，除了派出营销代表上门去各个医院造访推销产品外，还得在各大电视台、电台打广告进行品牌宣传。

二、网络营销

网店营销是通过互联网络、计算机通信、无线电子设备为技术手段，超越了传统线下营销的地域和信息限制，更好、更快捷的把产品销售给消费者。目前，网店营销主要通过电脑端和移动端展示。根据商家销售产品的性质，又主要分为个人零售网店、公司零售网店、企业批发网店、电子商务平台代售等形式，参见图1-1、图1-2、图1-3。

移动电商营销是继电脑网店的发展后，利用手机、PAD等设备进行产品销售的新网络营销方式（参见图1-4、图1-5），截至2014年11月，中国移动互联网用户已达5.3亿。移动电商已是PC电脑网店营销的有力补充，使人们可以在任意时

图 1-1　淘宝网上的个人零售网店

图 1-2　淘宝网上的公司零售网店

图 1-3　阿里巴巴上的公司批发网店

间、任意地点进行各种商贸活动。因此,可以说移动电商的发展前景十分广阔。

传统营销涉及的地域范围和商品品类是有限的。制造商生产出成品后往往要经过批发商、零售商等多个营销渠道才能到达消费者手中,降低了产品的时效性,而且增加了产品的成本。营销方式主要有感官营销、情感营销、思考营销、行动营销、关联营销、体验营销等。

随着互联网和移动设备的普及,网店营销涉及的范围越来越大于传统营销。

图 1-4 淘宝网手机店铺

图 1-5 京东网手机店铺

网络营销能够节约交易成本,交易成本的节约体现在企业和客户的两个方面。对于企业,尽管互联网需要企业有一定的投资,但是相比传统销售渠道,通信成本、促销成本和采购成本等交易成本已经大幅降低。对于客户,无需大量销售人员外出寻找客源,而是让客户通过网络搜索主动查找到相关产品,节约了人力资源以及成本。

网络营销,消费者可以自己主动去了解产品信息,而不是强制性的。企业与消费者之间通过信息和互动的双向对话,比传统营销由企业单方面的传播来推广产生的效果更为有效。

网络营销可以超越时间和空间限制的约束来交换、交易信息,让企业有更多的精力去用于市场营销。对于过去传统线下销售网络没有普及到的地方,通过网络进行宣传推广,并进行预售,也可以大大提高营销效果。

本节任务

任务背景

风怜和黑起在当地开了家童天品牌女鞋专卖店,年终生意盘存发现近一年生意跟前几年比差了很多。经调查发现是受网店销售的冲击。咨询厂家后,厂家表

示可以授权开网店,于是准备上线销售。

　　任务要求

　　1. 在电脑端主流电商销售平台查找有无同行售卖童天女鞋,并对比价格和款式有无区别。

　　2. 在手机端主流电商销售平台查找有无同行售卖童天女鞋,并对比价格和款式有无区别。

案例分享

商家的转型

　　薇子2013年在家乡县城开了家童装加工厂,主要生产0~4岁年龄段的婴幼童服装。生产出来的服装在当地商业街的门面进行销售。经过一年的销售,除开门面房租等各项开支所剩无几。她分析原因主要是当地目标消费人数比较少,自己又没有任何关系和背景,因此很难打开销路。通过新闻了解到互联网发展的趋势后,薇子发现开个网店也许是个不错的选择。于是分别在淘宝的零售平台和阿里巴巴的批发平台都注册并开设了PC网店和移动网店,进行网店营销。

　　经过一年多的发展,现在薇子已经是一个淘宝网5皇冠的店主,在全国各地还有20家网络分销商在她那里批发拿货,年销售额超过了2 000万。

　课后思考与练习

　　1. 名词解释

营销　　网店营销　　移动电商

　　2. 简答题

目前网店营销的主流平台有哪些?和传统营销比优势是什么?请简述。

任务 2　网店营销基本方法

☼ 任务目标

一、理解网店推广与网店营销的区别；

二、理解网站建设、网店营销、网店推广、SEO 之间的相互关系；

三、了解网店营销的基本方法；

☼ 知识储备

一、网店推广与网店营销的区别

刚接触电子商务的人通常会认为网店推广与网店营销是同一回事。其实，它们是两个完全不同的概念。网店营销与网店推广可以理解成包含与被包含的关系，即网店推广包含在网店营销当中。网店营销重在"营销"，注重通过推广能够产生更多的经济效益；网店推广则重在"推广"，主要目的是利用各种网络推广方法，使产品尽可能让更多的人知道。

网店营销通常考核的是转换率或者收益，比如论坛营销，发帖后能够带来多少销量；而论坛推广只需要保证相应的发帖量即可完成任务。

网店营销主要靠的是创意和策略，网店推广成功的关键是执行力。

网店推广是保证网店营销效果和成功的关键，是网店营销的重要组成部分。网店营销脱离了网店推广很难独立存在。而当面对一些简单的推广需求时，网店推广完全可以独立操作。

二、网站建设、网店营销、网店推广、SEO 之间的相互关系

网站建设是指从无到有，把一个网站从策划、构架、功能开发、页面设计制作、技术设置等，按流程建设完成，然后对网站进行运营维护和推广等。网店营销和

网店推广都是在网站上线后,以网站为平台进行的后期工作。网站建设一般都由专业的程序员编程、写代码等完成,不直接从事网店类的营销和推广工作。

SEO 中文译为搜索引擎优化。它的主要原理是通过提高目标网站或者目标关键词在搜索引擎中的排名来达到优先展示的推广目的,参见图 1-6。很多新手以为 SEO 就是网店营销,其实它只不过是网店推广方法中的一种,所以大家不要以点代面,以为掌握了 SEO 知识,就学到了网店营销的全部。

图 1-6　淘宝网站

三、网店营销的几种常见方法

网络广告。在各种互联网平台上投放的广告,即称为网络广告。比如说网站中的图片广告、文本链接广告、视频、音频广告等,参见图 1-7,这是目前互联网上最常见的网店营销模式。

图 1-7　新闻网站上的动态图片广告

新闻营销。是指企业利用具有新闻价值的事件,或者有计划地策划、组织各种形式的活动,借此制造热点来吸引媒体和社会公众的注意与兴趣,以达到提高社会知名度、塑造企业形象并最终促进产品或服务销售的目的。在操作时需要明确制造新闻不是企业的目的,一定要明确营销目标,比如通过新闻进行危机公关、提升品牌知名度、促进销售、提升企业美誉度等。

新闻营销通过新闻的形式和手法,多角度、多层面地诠释企业文化、产品机理、利益承诺,指导购买决策。可以在较短时间内快速提升产品的知名度,塑造品牌的美誉度和公信力。

新闻营销具有隐蔽性、权威性、客观性、传播性、连锁效应的特点。

在传播时尽可能选择大众媒体，或是选择传播范围广的媒体进行营销，才能扩大新闻传播范围，引起轰动效应。

在策划新闻时应该反复推敲、研究细节，从读者的角度去审视新闻内容，确保营销是为品牌做加法，而不是产生负面效应。

一个好的新闻策划不应该只是"一锤子买卖"，而是应该围绕主题层层推进，不断产生新的事件和角度，才能更好地吸引注意力，给大家留下深刻印象。

新闻营销可以通过名人代言、关联社会热点事件、活动组织、概念打造、制造争议等来展开。通过新闻营销形成阶段性的新闻事件，聚集目标受众的眼球，把产品潜移默化地嵌入到新闻中相互整合、相互推动。让媒体和公众对企业和产品产生良好印象的同时产生持续的销售，是新闻营销的最终目的。

软文营销。是指以文字模式和口头传播进行营销，如新闻、第三方评论、访谈、口碑等。借助文字表达与舆论传播使消费者认同某种概念、观点和分析思路，从而达到企业品牌宣传、产品销售的目的。软文营销往往都是与新闻营销、博客营销或是论坛营销相互配合使用。

软文当中使用的文字，要考虑目标受众的阅读能力与理解能力，让用户读起来有共鸣感。不要当成华丽优美的诗歌散文来写。特别是目前大家获取信息一般都是通过互联网络和无线移动网络。发布在网络上的软文，越通俗，越多运用网络流行语言就越适合。软文首先是通过内容打动用户，产生信任感。比如让用户解决了问题，学到了新知识等。软文写好后，还要建立足够多的软文发布渠道，这些渠道面向的最终用户必须是适合我们的精准用户。

论坛营销。又被称作社区营销。是指以论坛、社区、贴吧等网络交流平台为渠道，以文字、图片、音频视频等为主要表现形式，以提升品牌知名度、促成销售等为目的，通过发布帖子的方式进行的系列推广和策划。

做好论坛营销的三要素：

1. 想尽一切办法去打动论坛社区用户，引导真实有效的人参与到我们发布的帖子当中。重点是抓社区中的意见领袖和喜欢互动传播的人。

2. 以话题为主，通过一个或多个策划点，引起论坛用户的积极性，让用户自愿去分享扩散，帮助我们将信息传播出去。

3. 论坛推广需要占据大量的相关论坛，设立专业论坛推广人员去广为传播。

如果资金允许,可以适当做一些公关,在各大论坛做些置顶帖、首页推荐等。

微博营销。微博的操作非常简单。一般以140个汉字以内的内容为限,发布到新浪、腾讯等常见微博平台。你只需要在相应平台申请账号就可以开始进行营销了。微博营销的特点是发布便捷,书写完毕即可马上发布。微博的互动性也很强,可以即时沟通,及时获得用户的反馈与建议并给予回应。

微博营销可以使公司形象拟人化,提高企业亲和力,提升用户的黏性与好感度。通过微博平台可以获得用户的反馈与建议。使用微博配合事件营销、网络公关等营销手段可以获得更多的用户关注,进而达到营销的效果。

微博营销的关键是人气。通过相互关注、参与热门话题,转发抽奖等可以吸引更多对你感兴趣的人关注你。

目前人气量最大的微博是新浪微博。呈现出人群关注话题越来越细分、互粉人群越来越专业化的特点,参见图1-8。

图 1-8 新浪微博个人博主界面

微信营销。微信上线于2011年1月21日。自2014年来被越来越多人群关注和使用,是当前社会热点之一。目前微信主要分"朋友圈"和"公众号"两种类型。微信主要起到通信联系、社交功能和提供信息传播发布的服务。

企业可以设立微信公众账号,用于介绍说明产品、通过微信公众平台作为与消费者互动工具,与他们进行交流和提供售后服务。企业还可以用微信公众平台进行市场调研,收集信息反馈。目前还有越来越多的企业建立微店铺关联到微信账号,进行推广和销售。

 **本节任务**

任务背景

　　熊总是一家瓷器公司的老总,有自己的工厂和几家线下店铺,主要生产家用器皿。他的公司从来没有在网上做过营销。现准备通过网络宣传下自己的品牌和销售商品。

任务要求

　　1. 熊总打算建一个企业网站,想知道需要做哪些方面的准备,请你帮他策划下。

　　2. 请你根据他产品的特点和当前阶段,分析下哪些网店营销方式适合他并说明原因。

案例分享

招商银行智能"微客服"平台(微信号:cmb4008205555)

　　2013年3月28日,"招商银行信用卡中心"微信公共账号正式上线。4个月时间用户数量就突破200万。其中162万人完成了信用卡验证,而招行1 900万名信用卡用户每个月活跃度超过70%,以此数据计算,162万验证客户相当于其10%的客户总量。

　　吸引众多用户关注招商银行信用卡中心微信平台一个关键的因素,就是它的"微客服"特色服务:用人工智能和微信的交互部分替代了传统的呼叫中心——用户只需要关注招商银行信用卡中心,将个人信息与微信账号绑定,就可以办理信用卡申请、账单查询、个人资料修改等业务,以及接收在招行信用卡上产生的所有交易信息。

　　招商银行信用卡中心有个拟人化的形象人物"小招",其微信平台主要由"账单"、"我"、"招招精彩"三大部分组成。

账单:主要提供信用卡业务办理,如账单查询、快速还款、账单分期、我要现金、网上支付开通等。

我:主要提供个人业务的查询办理,如个人额度、积分、个人资料的查询,此外还有开卡功能和办卡寄送进度的查询,让用户足不出户就能实现大部分业务的办理。

招招精彩:主要提供在线客户服务,如优惠查询、掌上生活、出行易、我要买车等生活服务的信息。

招商银行信用卡中心鼓励用户验证身份,并推出验证后即享积分兑换星巴克、DQ、麦当劳等商品的活动,如果你非招行持卡人,还可以立即点击预约办卡。

招行相关负责人表示,上线时其微信客服所能完成的服务项目为 79 项,占总服务项目的 71%;目前服务项目已拓展至 94 项,占总服务项目的 85%。此外,招行微信客服的日均人机交互数已经达到 20 万通,而传统客服中心日均处理的人工电话也在 20 万通。值得注意的是,相对于信用卡中心 1 万人左右的团队规模和 3 000 名客服人员的配置,真正着力于微信客服的只有 10 人左右的团队。"招商银行信用卡中心"用精简的投入换来了大力的回报。

 课后思考与练习

1. 名词解释

SEO   软文营销   新闻营销

2. 简答题

做好论坛营销的三个基本要素是什么?请简述。

任务 3　了解网络广告

☼ **任务目标**

一、了解网络广告的特点和优势；

二、了解网络广告常见的计费方式；

三、掌握网络广告的投放步骤；

四、了解网络广告的相关数据。

☼ **知识储备**

网络广告与传统媒体广告（报纸、杂志、电视、广播）及户外广告相比，是目前中小型企业宣传传播的主要途径，对于大型企业的业务发展也具有重要作用。随着互联网的普及与发展，网络广告被业内人士普遍认为将成为传统四大媒体（电视、广播、报纸、杂志）之后的第五大媒体。

一、网络广告主要有以下特点和优势

传播范围广。网络广告不受时间、空间限制，通过互联网发布信息，可以迅速传递到地球上任何角落。只要具备连接网络条件，任何人在任何地点都可以随时随地通过设备接收浏览广告信息。

性价比高。传统的电视广告按秒收费，每秒高达上百万的费用，获得一个有效客户的成本可能高达上万元。互联网广告的计费方式多种多样，通常都是按点击、按效果计费。获得一个有效用户的成本，低的可以只需要花几分钱就引入一个客户。

表现形式多样。传统广告表现形式单一。比如平面广告只能是文字或是图片，广播只能是声音，电视广告只能是图像。而网络广告的表现形式基本上都是多媒体，受众不但能够看广告，还可以打开广告与广告互动。有些广告直接以游戏的形式出现。这些广告可以让消费者如身临其境般感受商品或服务。

互动性强。传统媒体是单方面向用户传递信息,用户只能被动接受,没有选择,企业无法获得用户的反馈。在网络上,受众可以有选择性地获取他们认为有用的信息,可以针对这些信息发表言论,企业也可以随时得到受众的信息反馈。

灵活性好。传统媒体投放广告后很难更改,即使能改动也需要付出很高的经济代价。而在互联网投放广告,可以及时变更广告内容,这就使经营决策的变化可以及时地实施和推广,降低风险,提升效果。

精准度高。传统媒体受众不明确,无法根据具体用户分类来进行有针对性的投放,这使得传统广告的精准度大大降低。而互联网上网站和平台繁多,用户细分程度极高。可以根据自己的需求,有针对性地进行各种精准性投放。

效果统计。传统广告无法精确统计投放效果,只能通过估算的收视率、发行量等来统计投放的受众数量。没有精确有效的数据做指导,效果无法得到保证,广告成本大大提高。网络广告可以通过及时和精确的统计机制和各种开发工具,使广告主能够直接对广告的发布进行在线监控,即时衡量广告投放效果。比如通过监视广告的流量、点击率等指标,广告主可以精确统计出多少人看到了广告,其中有多少人对广告感兴趣而进一步了解了广告的详细信息,有多少人最终购买等。

二、网络广告的常见形式

网幅广告(Banner):是最早的网络广告形式。是以 GIF、JPG、FLASH 等格式建立的图像文件,定位在网页中用来展示广告内容。网幅广告一般有通栏、旗帜、按钮、对联、浮动等表现形式。网幅广告一般都具有链接功能,引导用户去点击了解更多的广告信息。网幅广告可以制作成不同的尺寸,常见的尺寸如:950×60 通栏 Banner、120×90 按钮、120×240 垂直 Banner 等。

网幅广告可以分为三类:静态、动态和交互式。

静态:静态的网幅广告是在网页上显示一幅固定的广告图片。它的优点是制作简单、缺点是不够生动。事实也证明,静态广告的点击率比动态和交互式的点击率要低。

动态:动态网幅广告具有动态元素,如移动、闪烁等。它们通常采用 GIF 动态图片格式或 FLASH 动画格式,用丰富多彩的动态图像传递给受众更多信息,加深浏览者的印象。它们的点击率普遍要比静态的高。动态广告并不复杂,而且尺寸也较小,是目前最主要的网络广告形式。

交互式:静态广告和动态广告都停留在让用户被动看的阶段,而互联网媒体相对于传统媒体最大的优势是互动,所以更能吸引浏览者的交互式广告便应运而生了。交互式广告的形式多种多样,如游戏、插播式、回答问题、下拉菜单、填写表格等。这种广告比其他广告包含更多的内容,可以让用户在参与的过程中对企业与产品产生更深刻的认识与了解,参见图 1-9。

图 1-9 交互式广告

文本链接广告:文本链接广告是以文字作为一个广告,单击文字可以进入相应的广告页面。这是一种对浏览者干扰最少,但却较为有效果的网络广告形式。有时候最简单的广告形式效果却最好。

富媒体广告:在互联网发展初期,因为带宽的原因,网络广告形式主要以文本和低质量的 GIF、JPG 图片为主。随着互联网的普及和技术的进步,出现了具备声音、图像、文字等多媒体组合的媒介形式,人们把这种媒介形式的组合叫作富媒体(rich media),以此技术设计的广告叫作富媒体广告,参见图 1-10。富媒体广告通常费用比较高。

插播式广告(弹出式广告):插播式广告是指用户在浏览网页时,强制插入一个广告页面或弹出一个广告窗口。最典型的插播式广告就是网页弹窗。这种属于打断浏览者的正常浏览强迫观看,容易引起浏览者的反感。浏览者可以通过关闭窗口停止观看。

搜索引擎竞价广告:竞价排名是搜索引擎广告的主要形式,它是按照付费最高者排名靠前的原则,对购买了同一关键词的网站进行排名的一种方式。竞价排名的最大特点是按点击付费,如果没有被用户点击,则不收广告费。在同一关键词的广告中,单击出价最高的广告排列在第一位,其他位置按照广告主出价不同,

图 1-10　富媒体广告

从高到低来依次排列,参见图 1-11。

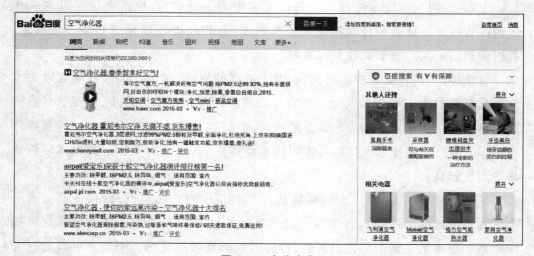

图 1-11　竞价广告

　　竞价排名的广告费用和广告价格可以自由控制,用户不点击广告,则不需要支付任何费用,降低了风险。竞价排名的精准度高,用户检索相关内容才会出现在搜索结果页面。竞价广告可以根据出价的高低控制出现在搜索结果靠前的位置,容易引起用户的关注和点击,效果比较显著。广告主可以对用户点击广告的情况进行数据统计分析,通过数据优化广告效果。

三、网络广告的付费方式

广告可以根据不同的需求采取不同的付费方式:

CPM,指广告每千人次展现所应付的费用。例如,一个网络广告的单价是 120 元/CPM,则表示每 1 000 人次看到这个广告就收 120 元,依此类推,100 000 人次观看就是 12 000 元。

CPC,指广告按点击付费,即按照广告的单次点击次数计算,如果没有人点击该广告,则不计费。

CPA,指根据每个访问者对网络广告所采取的动作或行动收费的定价模式。如回答广告主设立的问题、网络游戏、交友网站等。

CPS,指按照广告点击之后产生的实际销售额付给广告站点销售提成。

四、网络广告投放步骤

1. 确定广告目标。投放广告,首先要确定投放目标,例如销售额、网站 IP 数、会员注册量、传播量等。目标的确定要注意目标分解、完成周期等。

2. 确定广告预算。预算是根据广告目标来确定。假设广告目标是每天吸引一百个客户购买,通过数据计算预估每吸引一个购买客户的成本是 10 元,那每天的广告预算就是 1 000 元。

每个购买客户的成本计算方法可以采取过往网络营销经验预估制订、行业报告数据或者同行打听作为参考,先小额投放测试再算出平均成本等方法。

3. 选择媒体。广告预算确定后,需要寻找合适的媒体投放。选择媒体,要考虑这些网站用户的年龄、性别、生活习惯、消费习惯等是否与我们的目标客户相符。对于目标客户集中的论坛社区、网站、搜索引擎等,可以罗列出来考虑投放。经过初步筛选,找到目标媒体后,结合我们的广告预算,需要继续缩小投放范围。缩小范围精准目标的投放标准主要参考流量。这个可以通过 ALEXA 工具来辅助完成。ALEXA 是专门发布网站世界排名的网站,目前常说的网站世界排名,就是指 ALEXA 排名,通过网址:http://alexa. chinaz. com/可以查询排名。

通过 ALEXA 排名,可以分析出网站和相关频道的排名哪个流量最大。找到流量最大的网站频道后,还要分析频道里面的文章内容、评论是否符合我们产品的特点。如我们销售的是高端产品,就不能找低端产品流量大的网站频道。

如果广告预算充足,可以考虑多投些相关网站。

4. 制作广告创意。广告语最好言简意赅,一句话就能让用户知道我们能给他们带去什么样的服务、解决什么样的问题,或者体现产品特点。这样可以增加广告的精准度。如果是需要长期投放广告,可以多准备几套不同的广告创意更换投放。广告投放前期有个测试过程,我们需要对所选择的媒体进行效果测试。不同网站、不同频道,甚至相同频道的不同位置投放的效果都可能会相差较大。

网络广告的投放效果可以根据广告被浏览的总次数、被点击的次数、访问时间长短等数据来统计。通过分析这些数据可以帮助广告主分析市场受众,有针对性地投放广告,对广告效果进行客观准确的评估和优化。

五、网络广告的数据分析

一般来说,网络广告通常需要分析以下数据:

基本数据。基本的监测数据包括广告展现次数、广告点击次数、广告页面停留时间等。广告展现次数越大,表示所投放网站的流量越高;广告点击次数越多,表示用户对广告的兴趣越高,很可能就是我们的目标用户。

网站数据。如果你的广告宣传的产品是网站,则要监测广告带来的 IP 数(或独立访客),以及这些 IP 所产生的浏览量、网站注册量等。

销售数据。如果是通过广告进行销售,则要监测广告带来的用户咨询量、成交数量、总销售额和毛利润等。

点击率:广告点击数除以广告展现数。点击率越高,表明广告效果越好。但如果点击率过高,远远超过行业平均点击率,也有可能是作弊。

成交率:成交数除以咨询数。成交率高也表明投放效果好。

注册率:注册用户数除以 IP 数。注册率越高表明客户对产品的关注和需求越大。

用户成本:广告投放费用除以带来的用户数。如果用户成本过高,就要考虑改变广告投放策略,或是选择其他营销手段。

ROI:投入产出比,广告花费除以销售额。反映广告主的盈利能力。

本节任务

任务背景

王总在某电脑城有好几个线下门面做组装电脑生意。现在他打算通过在网上投广告来做宣传。尝试把流量引到他自己公司的网站上面去增加销售。听别人说天涯论坛、新浪网、太平洋电脑网这几个网站每天访问的人很多,他想从其中选些网站或者频道去投广告。

任务要求

1. 王总想知道在网上投广告,有哪些展现形式? 哪些扣费方式? 哪些适合他的公司现阶段情况?

2. 请你根据他产品的特点,分析下天涯网、新浪网、太平洋电脑网中哪个网站适合他投放广告。

案例分享

用 Alexa 工具选择网站投放汽车广告

某品牌汽车厂家确立 2015 年全球 505 万辆的销量目标。该公司总结了过去一年的全球主要业绩,发现该品牌汽车在中国市场销量最好。为稳固销量,该厂家决定加大在中国的网络广告投放预算。在决定投放哪些网站之前,他们准备先分析下相关网站的流量。通过访问网站 alexa. chinaz. com,查询了三个国内知名网站频道,筛选出数据,如表 1-1 所示:

表 1-1　三家国内知名网站频道数据统计

站点名	中文排名	人均页面浏览
凤凰网	37 位	3. 52
汽车之家	384 位	5. 85
新浪网	14 位	1. 89

从三个网站的中文访问量排名来看,新浪网整体流量最大,凤凰网流量其次,汽车之家流量最少。但通过网站内容发现,新浪网属于中文综合类平台网站,访问量虽然大,汽车频道却只是该网站一个子频道,频道人均页面浏览数为 1. 89,是三个网站中最少的。汽车之家整体流量虽然相对较小,但整个网站内

容全部为汽车相关内容,且非常专业、访客互动发帖交流非常多。同时从alexa. chinaz. com 中文排行榜中发现汽车类网站排行榜第一的为汽车之家。

　　该汽车厂家销售的主打车型价格属于中国市场中等偏下的水平,受众群体较广。结合产品自身的特点,该厂家决定前期在新浪网主页投放网幅广告和视频广告,吸引大众人群对该汽车品牌的注意力,并扩大其影响力。同时,在汽车之家网站投放插播式广告和富媒体广告,并邀请专业写手进行软文营销和优惠活动。投放三个月后,获得了不错的效果。

 课后思考与练习

　1. 名词解释

CPC　　搜索引擎竞价广告

　2. 简答题

网络广告投放的步骤是什么?

☼ 任务目标

一、网络营销面临安全威胁类型；
二、网络营销的安全预防措施。

☼ 知识储备

随着网络的普及,社会各领域的日常运行越来越依赖于信息网络,网络黑客和各类组织或个人出于各种违法目的,利用网络漏洞和企业疏忽进行数据篡改、隐私收集、网络盗窃资金等,给企业和个人的正常生活带来了极大的破坏。目前网络营销面临的安全问题主要分为两大类:计算机网络安全和商务交易安全。

一、计算机网络安全

未进行操作系统安全配置。不论采用什么操作系统,在缺省安装的条件下都会存在一些安全问题。千万不要以为操作系统缺省安装后,再配上密码系统就算作安全了。网络软件的漏洞(存在于计算机网络系统中的、可能对系统中的组成和数据造成损害的一切因素)和后门(绕过安全控制而获取对程序或系统访问权的方法)是网络攻击的首选目标。

安全产品使用不当。虽然不少企业网站采用了一些网络安全设备,但由于安全产品本身的问题或使用问题,这些产品没有起到应有的作用。很多安全厂商的产品对配置人员的技术背景要求较高,普通网管人员难以操作设置。系统设置一旦改动,需要重新调整安全产品时,很容易产生大量安全问题。

缺少严格的网络安全管理制度。网站的安全需要用完备的安全制度来保障,建立和实施严密的计算机网络安全制度是真正实现网络安全的基础。

二、商务交易安全

窃取篡改信息。由于未采取加密措施,数据信息在网络上传送时,入侵者可以通过网关或路由器截获传送的信息。经过分析后得到传输信息内容,甚至将信息数据中途修改,然后发向目的地。

网络诈骗。骗子通过网上结识和聊天,待被盗者信任放松警惕后,获取财物资料、建立假冒交易网站、谎称正规网络交易系统故障要求重新支付或转账、谎称需要进行资质验证要求支付验证费等。

网络营销的安全措施主要包括保护网络安全、保护应用服务安全、保护系统安全、增强防范意识不断学习防骗技巧等。

保护网络安全。保护商务各方网络端系统之间通信过程的安全性。可以采取规划制订网络安全管理措施、使用防火墙、记录网络活动、注意网络设备的物理保护、定期升级网络平台系统、建立可靠的识别机制。

保护应用安全。主要针对特定应用(如网络支付软件系统)所建立的安全防护措施。包括认证、访问控制、机密性等。

保护系统安全。是指从整体电子商务系统或网络支付系统的角度进行安全防护,它与网络系统硬件平台、操作系统、各种应用软件等互相关联。如在安装的软件中,对电子钱包软件、支付网关软件等检查和确认未知的安全漏洞。对系统的接入需要通过诸多认证才能联通、审计数据、建立安全审计日志等。

三、网络防骗技巧

不要轻易相信网络快速发财致富的广告,这些很有可能是以此为噱头收取会费进行诈骗。

如遇合作伙伴或好友发布信息,声称遇到紧急情况请求汇款,需要及时通过电话等其他方式联系到本人,确认消息避免上当。

对网络上面的网站或者各类论坛里面宣传产品或服务的帖子,要多方了解求证,以免受到"托"的欺诈。

如遇网站提示购物系统、交易系统等提示故障,要求直接汇款或重新支付等,需要通过相关网站的正规合作方式去确认,不要盲目直接打款。

选择具有消费者保障制度的交易平台、具有第三方支付手段的平台进行交易（如支付宝、财付通等第三方支付模式交易）。

本节任务

任务背景

张总在网上开了个商城，用于在线销售办公设备。有个人通过网络联系上他，表示自己有一批热销机型，因为公司经营出了点状况，想3折转卖给张总。张总查看对方提供的产品目录和图片后，表示想先看看实际样品。对方同意了，但因为双方不在同一个城市只能快递样品给张总。对方要求张总进入一个网站，支付100元的保证金。这个网站订单需要填写银行账号和支付密码。

任务要求

1. 张总能否按对方的要求去支付保证金？支付后有可能出现什么问题？

2. 如果张总和对方都是诚心想达成交易，在网络上面有什么方法或者平台可以执行相关操作？请简述。

案例分享

网购需警惕伪装来电

2015年1月，一个淘宝卖家在论坛发帖表示，接到一个淘宝客服：0571-88158198的电话，称该卖家支付宝账户存在异常，要求核实冻结支付宝账户，支付宝系统却发来了修改密码的验证码！幸亏该卖家安全警惕性高，未造成财产损失。下面是该卖家论坛发帖的部分截图：

> 首先要说明一下，不是淘宝客服是骗子，估计是骗子用了改号器什么的，来电显示的是淘宝的电话，所以欺骗性很高，一不小心就会上当。
>
> 接下来说说咋回事：晚上突然接到一个电话，来电显示是淘宝客服电话，我想淘宝客服找我干吗，而且我的手机目前在漫游状态接电话很贵，所以不想接，就挂掉了，过了五分钟对方又打过来，难道有什么事，就接了，我就把跟骗子的对话大致写下出来吧，开始没想到是骗子，不然就录个音了。
>
> 骗子：您好，我是淘宝客服XXX号，您是XXX吗？您的支付宝账号是XX@XX.com吗？
>
> 我：是的，什么事？
>
> 骗子：刚才我们监测到您的支付宝账号有一笔900元的转账，状态有异常，所以请您确认一下是您本人操作的吗？

骗子：刚才我们发送了一个确认信息给您，您确认后我们才能给您冻结。

我：要怎么确认？(目前为止我都没有怀疑过对方)

骗子：把短信收到的数字告诉我们，核对一下就可以了。

我：你等一下。(这时我就看了一下短信，结果短信内容是："您正在找回支付密码，校验码******，工作人员不会向您索取，请勿泄露。"我差一点都要把数字告诉对方了，但仔细一想，不对呀，怎么是找回支付密码，而且客服怎么会跟我要验证码呢，不管是跟银行还是什么客服打交道，就算需要验证码，对方也只会要求我们自己用手机或电脑输入，绝对不会要数字的，我要是告诉他不就可以改我的密码了？这时候我已经基本上觉得对方是骗子了，可还有点半信半疑，因为来电号码的确是淘宝的号码，而且对方说话的口气什么的完全就是淘宝客服的口气！

骗子：你记得扫扫毒，修改一下密码什么的。

我：那不用你冻结密码我也可以处理啊！

骗子：那也可以，但是如果钱被转走了我们就不负责了，我们可都有电话录音的，到时候你就自己承担损失吧。(还在努力想吓我)

我：知道了(对方听我这么说，啪的就把电话挂了)

挂了电话后，我赶快把账号都检查了一下，安全中心里显示我的安全级别是高，所有的防护措施都齐全，所以骗子进了我的支付宝，也无法改密码或付款，但为了安全我还是修改了所有的密码。转出了余额宝里的钱，取消了所有的快捷支付银行卡，快过年了，骗子也更猖狂了，这会儿俺还是小心为上吧。

这里我只是记录了一些比较主要的内容，其实当时骗子还说了许多其他内容，是非常迷惑人的，而且来电号码0571-88158198的确是淘宝的号码，对方说话的语气完全就是淘宝客服的口气，并且一口标准的普通话，都怀疑这人以前是不是就是客服，我真是差点上当，还好严格记得一点就是验证码绝不告诉任何人，才没有被骗，好惊险。

之后我上网搜索了一下这个号码，发现很多人都被这个号码骗了，骗术五花八门，不光是骗支付宝的钱，还有什么卖产品送赠品什么的，其中一个留言，居然就是我接到诈骗电话几个小时前，有一个网友被同样的手段骗了900元。

其实淘宝平台在交易的时候，都会经常提醒交易双方：淘宝、支付宝验证码、任何时候、任何情况下都不能给任何人！

这是典型的利用改号软件(改号软件是一种通过网络 IP 转换的服务功能，能让您拨打出去在对方手机或坐机上显示为任意号码的一种新型功能)修改来电显示号码的一起案例。

淘宝客服是不会向买卖双方索取任何验证码、旺旺密码和登录密码的，包括登录信箱密码等重要个人信息。即便是要也不能给！

有的同学会问，这样的电话来电说账户有问题该如何应对呢？同学们可以自己登录相关账户进行查看，如果还存在疑问，可在挂断电话之后，在官方网站上面找到对应的客服电话，进行相交的咨询即可。

课后思考与练习

简答题

网络营销面临的安全问题主要分为哪两大类？

网络防骗的技巧有哪些？

项目二
B2C 平台网络营销

　　据艾瑞网(iResearch)数据显示,2014 年中国 B2C 市场中,天猫市场份额占比超六成。传统商家在利用电子商务平台进行线上交易时,会首选淘宝网的天猫来展开销售。本部分内容会给大家介绍淘宝网的相关网店营销知识。

　　每年的淘宝天猫商城双 11 促销,一个小时的销售收入就可以达到几个亿。在这些不断创造新纪录的过程中,有些商家赚得盆满钵满,也有很多商家会碰到库存不准、快递爆仓、推广失策等各种问题。因此,对于内部流程化的工作和控制、数据化的营销分析提出了很高的要求,主要包括如下几个方面的协同:

　　运营组织。除了财务和人力岗位外,通常一个 B2C 团队由运营、推广、设计、客服、仓储组成。例如,运营管理负责统筹各岗位,对工作计划和流程进行规划、指导,推广策划各种营销手段、安排设计做好网店商品陈列和展示等。运营组织体系的紧密配合能够使网店持续不断地提升盈利能力。

　　商品策略。商品策略包括商品展示和商品搜索。

　　商品的展示要紧密围绕客户体验。将产品的信息和特点准确展示给顾客。有条件进行真人模特来展现产品效果的,最好用真人图片。为了让消费者更全面地了解产品,营造真实的实体购物体验,商品的拍摄展示可以用多角度展示。对于需要表述产品规模、尺码等信息的产品,特别是服饰类产品,准确详细的尺码信息描述有助于消费者选择到合适的商品,减少客服咨询量以及退换货比例。局部商品细节可以进行放大展示,使消费者产生看到实物一般的真实体验,感受到面料的材质和质感。详细丰富的产品详情页描述,可以代替导购员,让消费者更好地理解产品定位、设计理念等。相关产品的保养信息也尽可能地把完整的产品信息呈现给消息者。

淘宝网站上存放了成千上万的商品。为了让消费者能尽可能地找到我们的商品,淘宝提供了多种商品搜索方法。例如:关键字词的搜索,搜索目标包括商品名称、描述、卖点等文字内容;基于标签的搜索;按生活场景的搜索;按价格的搜索;按体型的搜索;按风格的搜索;按兴趣点的搜索。搜索优化是很好的营销手段。当客户搜索到网店后,把最想卖的商品和促销信息展示在醒目位置,来实现营销的目的。

支付方式策略。提供多种支付方式满足不同人群网络支付的需要。采用最为大众的支付方式,例如支付宝、信用卡、货到付款以及银行转账是最常用的4 种支付方式。支持虚拟信用管理,方便加盟商门店网上订货取货的统一结算。支持信用评级管理,实现支付与用户信息、用户信用的绑定。

配送方式策略。可采用多种配送方式组合。对于运费敏感的消费者,可以提供平邮方式,对于速度敏感的消费者,可以使用优质快递。快递可以根据地域和服务能力做出筛选,例如全国较偏远地区和乡镇,可能只能选用邮政 EMS;对于沿海发达地区或者需要货到付款的,使用常见的几大快递公司就好。

配送需要充分考虑如何利用传统门店渠道资源有效解决最后一公里的配送成本问题,同时通过支持“网上订购、门店取货”的方式可以有效解决用户体验的问题并增加销售机会。

退换货策略。退换货的策略至少要达到行业最低要求水平,然后再和竞争网店比较。例如,提供7 日退换货服务、首次退换货的费用由公司承担等。然后再根据实际运营的成本情况,有选择、有条件地提供更有吸引力的退换货政策。这种政策还要和其他营销手段相结合,例如,会员制、折扣商品等。

在门店电子商务的策略下,门店发挥其服务平台作用,成为退换货的窗口。例如,顾客需要退换货时,在与线上的客服得到确认后,客服会将信息转给服务的门店和物流部门。物流部门和门店准备好顾客需要的货品,在约定的时间通过门店给顾客办理退换货。换后的商品直接在门店销售,省去了反向物流的成本。

订单处理。商家做电子商务到一定程度就是多渠道整合的系统,都需纳入订单处理中心做统一的处理。

在初期,订单都在统一的一个地点做搭配,以避免新业务对原有的作业流程产生影响,并且有利于控制分拣、配送质量。通过门店产生的订单,会在订单中记录该门店的店号信息和导购信息。后台系统自动生成销货给分公司的相关单据,并直接反映在分公司的财务收入上,加盟商也是如此。订单在拣配完成后,交给快递公司进行发运。选择何种运输方式,在订单生成的过程中已经决定,在发运的步骤中,需要将订单和快递单的信息进行关联,通过快递公司的信息平台,可以跟踪到物流的进度。订单在执行环节中,设定多个检查点。在这些检查点上检查订单的有效状态。如果订单状态发生变化,例如顾客决定取消或更改订单,则在检查点上转入异常处理流程,终止拣配或重新拣配。

第二个阶段,订单将在多个电子商务仓库进行拣配。多个仓库的目的在于更贴近消费者,以降低运输费用,缩短配送时间。订单将根据送货地址转发到最合适的仓库。

第三个阶段是整体供应链的整合。对成熟的款式或常年的款式,实现供应商管理库存,订单直接发往供应商,由供应商完成订单的处理。供应商来管理这些款式的库存,自行判断库存水平,并安排生产。

数据化营销。电子商务相对于传统零售,在各种 IT 系统的支持下,对于买家行为进行了全程的记录和跟踪。我们可以通过对买家行为的分析,找到商品和买家之间的对应关系。通过做好产品来吸引买家并服务好他们。可以根据买家的需求来优化产品设计,做好电子商务。因此,在当前竞争激烈的电子商务市场中,数据化营销的方法可以有更高的成功概率和投入产出比。同时对于各个阶段的卖家,又要通过数据衡量自己的营销工作是否有效。

本项目需要学习和完成以下任务:

▶ 任务 1　市场和产品分析

▶ 任务 2　客户服务和关系营销

▶ 任务 3　订单处理

▶ 任务 4　B2C 的数据化营销

任务 1　市场和产品分析

☼ **任务目标**

一、了解市场和产品结构分析；

二、了解电商企业的采购管理；

三、了解电商企业的仓储管理。

☼ **知识储备**

一、市场定位和分析

产品市场定位就是在网上开店之前需要确定自己卖什么。可以根据行业、类型、规格、风格、来源等将市场定位进行详细的区分。例如，你想在网上针对 25 岁左右的年轻女性，卖时尚型的品牌真皮女鞋就是一种定位。

电子商务产品的开发有很大一部分是跟随性的开发，也就是从前端市场驱动后端的产品开发，而前端市场驱动就一定离不开市场的分析。

（一）淘宝网市场分析常见工具

数据魔方。可以针对卖家店铺所属类目产品销量进行流行元素的分析，以及流行元素的销售增长趋势，如流行颜色、印花等。还可以通过数据魔方看到所属类目商品的销售产品结构统计，以及产品结构销售变化的趋势，例如，天气越来越热了，可以统计出短袖类的销量和衬衣之间的销售比例关系以及比例关系的变化趋势，参见图 2-1。

生意参谋。里面有行业店铺流量榜、交易榜、热搜词榜等行业数据和店铺自身运营数据。可以统计出店铺近期商品销量、飙升以及关注度最高的商品。通过对这些产品的分析，了解这些产品的特征，对于后继采购计划选款或者生产是非

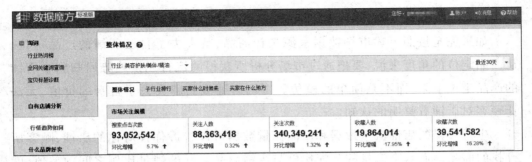

图 2-1　数据魔方

常关键的考虑因素,参见图 2-2。

图 2-2　生意参谋

　　类目导航。所有的类目导航是为了方便顾客挑选商品,找到顾客最想要的商品。如何能知道近期某一个时间段顾客都喜欢找什么商品呢?淘宝的技术后台会根据顾客在淘宝上搜索和点击的情况,挖掘出大多数顾客在找什么商品,以什么关键词寻找什么类型的商品。卖家可以通过观察淘宝类目导航的变化,知道近期某个类目上的顾客都在寻找哪种类型的商品,参见图 2-3。

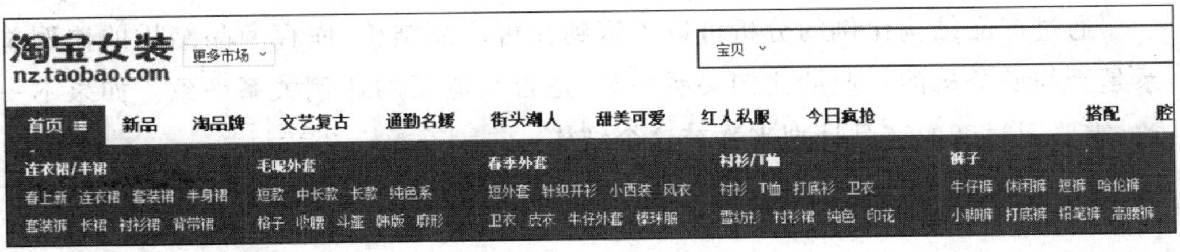

图 2-3　类目导航

（二）产品结构分析

如果完全按照上述市场数据来源选择商品，就失去了自己店铺的产品定位。从产品定位的角度来说，要把通过市场分析所获得的流行元素趋势回归到本店铺的产品定位上来，而不是简单的模仿。否则店铺或品牌失去了自身的价值，无法让顾客对店铺有鲜明的认知。

生意参谋的店铺流量数据和商品流量数据可以告诉你针对你的店铺，顾客所寻找的商品。而这个流量的分配比例与店铺商品实际的销量比例之间的差值，就是下一次选款所需要关注的内容。例如，当店铺内衬衣相关商品浏览比较高，但成交数据并不高时，就说明目前店铺现有的衬衣款式不符合潜在顾客的需求，但是顾客对衬衣的需求却比较旺盛，这就要考虑是否开发衬衣的新款式。通过数据魔方就可以统计出行业类目销售的商品结构和自己店铺的销售结构。

（三）产品销售结构分析

通过以上这些产品结构的分析，再对本店铺内近期商品的销售结构进行对比，例如衬衣与短袖 T 恤的销售比例关系，各种颜色销量的比例关系。通过分析得出行业销量结构比例与现有店铺销量、库存的比例关系的差异，就能得出下一个采购和营销计划的产品结构最佳的比例关系。

就实际的销售情况来看，每一款商品由于风格不同，针对的目标客户也不同，会导致规格结构产生偏离。例如一款高跟的时装鞋，喜欢穿这样款式的女孩一般身材偏矮，会导致此款鞋子尺码比例向下偏离。平底鞋高个子女孩购买的比例略高，身材较高的女孩脚型比较大，所以商品的尺码销售结构比例也会向上偏离。因此每一款产品的规格比例在参考了行业数据后，根据具体款式针对的顾客群不同，也需要有些偏离。

通过产品结构比例的分析可以了解到在售产品结构，库存商品结构的比例关系是否与所分析的行业的比例关系一致，是否与流量的比例关系一致。如果不一致，需要通过新的产品计划来弥补这个结构。

（四）产品材料结构分析

产品的材料结构分析也是非常重要的一点。产品生产周期的长短往往并不取决于直接生产周期，而是取决于原材料的采购或加工周期。如果所开发的产品款式的材料均为市场上比较容易找到的现货或者材料无须二次加工(加工周期很短),此商品的追单周期就可以减少很多,追单周期的时间把控性也会很强。

对于中小网店卖家来讲,可能自身不具备生产能力。这时候我们就需要去找供应商拿货给我们。选择一个好的供应商是中小卖家做好网店销售的重要因素。选择供应商有四个要素,即:品质、产能、成本、响应时间。绝对完美型的供货商是不存在的,四个要素做好适当的平衡和取舍就可以了。

品质是保证网店长期发展和顾客回头率,从而形成店铺忠诚度的重要因素之一。而产能是当商品成为爆款时,供货商是否能够提供足够数量产品的保证。响应时间是在电子商务采购特有的多批次、少单量、快速追单的特点下,商品不因为断货而导致销量大幅下滑或提前进行预售而影响成交率的重要保证。成本是保障产品赚取足额利润,或者保障此款产品有售价优势的重要条件之一。

根据店铺对产品的品质、响应时间、产能、成本的要求不同,在供货商的选择上倾向性也会不同,甚至针对不同的款式特点,例如,某款式设计得非常时尚,是非常有个性的风格款、形象款,由于它的风格独特,成本往往较高,售价也相应较高,此类商品并不以贡献销售额为主要目标。由于商品的售价较高,因此,此商品的购买者对品质要求比较高,所以商品品质是第一要素。由于售价高,此类产品的销量一般不会很多,所以产能是最弱的要素,响应时间也是最弱的要素。而且相对成本越高的商品,该商品的定位就越高,商品售价的定倍率也高,成本的因素原则上也不是最关键的因素。再举一个相反的例子,某款商品成本较低,商品的适用人群较广,因此可能形成爆款。此款商品的成本是比较关键的因素,由于销量高,每降低些许成本,对于绝对的利润提升有很大的帮助。同样由于销售量可能会比较大,此款商品供应商的产能和响应时间是最重要的因素,品质的因素虽然是不可能忽略的因素,但相对断货而导致的销售下滑就会变得弱化一些。不同定位的款式,由于业务对其供货的要求不同,供应商考虑的因素权重就会有差异。

二、电商企业的采购管理

网店销售的过程中,经常会发生产品卖断货的情况。所以网店销售当中,对热销产品也会经常追加生产。追单管理就成了采购环节的重中之重。一般来说追单采购业务类型,分别是生产型追单、档口拿货型追单和定制开发型追单。

（一）生产型追单

是指追单通过工厂下达生产指令来完成追单的采购类型。生产型追单的特点是，由于是工厂下达采购订单，所以生产型追单往往有最小起订量和生产周期的要求。

生产型追单有 4 个关键因素：

（1）商品的上下架日期，一般商品的销售（特别是时尚品或者季节性商品）都有一个产品生命周期。所谓的商品下架日期并不是说到了那个下架日期的时间点，将此款商品下架不再出售。而是说，即使此款商品的销量不错，由于已经接近下架日期，同样不再追单。例如，刚进入秋季某一款夏装销量仍然比较大，但是如果追单，等追单商品到货了，可能已经到了初冬时节，此款商品必然滞销，所到货的商品也必定成为库存商品。

（2）在库和在途商品库存所能支撑的销售天数（已经下达采购订单，却还没有到货的商品数量称为在途商品库存），在计算追单数量和追单时间点时，必须考虑在库和在途商品库存销售天数和数量。

（3）供应商产能的管理，因为生产型追单往往要管理到供应商产能，供应商现在有没有富余产能，将会在什么时间点有多大生产量的产能，将是决定追单量和追单周期的一个重要因素。

（4）追单时间和追单量的计算，这也是生产型追单最难也是最重要的环节。

追单计算时应该考虑以下几个关键点：

（1）流量、销量、收藏量、增长量的平均值，是指一款商品在未进行额外的变化时（这种变化包含修改商品描述、修改商品售价、参加特殊活动等），在未来的销售趋势是逐步走高还是逐步下降，实际上跟这款商品流量、销量、收藏量的增量涨幅有一定关系。尤其是收藏量，收藏量增加的涨幅日益提高，这款商品在正常情况下销售，销量会逐步提升，而如果收藏量增加的涨幅日益减少，这款商品的销量在不进行额外的营销处理的情况下，往往呈逐步滑坡的状态。

（2）前七天的销量和流量的计算需要扣减七天内推广而直接导致的数量。例如，在前七天上过聚划算的，聚划算当天的销量和流量也要扣掉，否则计算的偏差会很大。

（3）如果经过计算，所需要追单的数量的生产周期已经超过了此款商品的下架日期,也就意味着此款商品追单到货之日已经进入了此款商品的滞销期,则此款商品不再追单。

(4)如果计算出的追单数量小于此款商品的最小下单数量,则按此款商品的最小下单数量下单。但如果按最小下单数量加上现有库存和在途数量可支撑的销售天数又超过此款商品的下单日期,此款商品仍然不追单。

(二)档口拿货型追单

是指此款商品拥有一个成熟的现货供应商,可以直接在供应商处采购现货。档口拿货型追单的特点:第一,采购的时间可以忽略不计,供应商有现货的库存可以提供,采购过程中不计算商品的生产周期;第二,档口拿货型追单一般没有最小起订单的制约。

档口拿货型的追单有两个关键点:

(1)供应商供货能力的管理:采购人员必须跟踪供应商现货库存量;包括供应商现有库存量能否满足需求,供应商追单的能力和周期,这取决于供应商的产能以及此产品的生产周期,特别是原材料的采购周期。

(2)商品的红线库存管理,就是说此款商品需要预留支撑多少天销售的红线库存,当可销库存数量少于红线库存后,该款商品需要追单,追单量以补足红线库存量为佳。红线库存量的取值取决于档口拿货的难度,根据难度,店铺需要有能支撑几天销量的红线库存。如果供应商存货量极大,随时可以提供充足的商品,那么店铺的红线库存理论上可以设置为零,也就是说店铺先销售再根据已经销售的商品进行采购。库存的周转率和风险降低到极限。

(三)定制开发型追单

这种追单往往合适于贵重礼品、家具行业等有定制化生产需求的行业。定制开发型追单的特点在于大多都是无货型的销售,就是先销售后采购的模型,而且每一次采购都是有特定定制化生产需求的。

个性化定制开发型采购有两个关键点:

(1)采购订单和销售订单具有很强的关联性,需要根据销售订单详细内容生成相对应的采购订单,相同商品的采购订单不可合并采购。

(2)必须要跟踪销售订单的采购订单过程。由于是定制开发型采购,顾客需要等待相应的时间才能收到商品,且商家需要向顾客承诺商品交付时间。何时生产完成、仓库何时到货、何时发货,整个采购或生产的过程要满足顾客的关注需求。

网店对供应商供货质量的管理一般包含 3 个考核标准:

(1) 供应商入库质检退货率。采购基本流程中采购入库检验报告是此考核标准的原始依据。采购退货率高的供应商的产品质量往往不稳定。

(2) 产品销售的退换货率。在采购入库检验环节已经提到采购入库的检验并不是对技术层面的品质检验,而是以消费者的眼光去对商品特别受顾客关注的地方进行检验,这样可能会导致该商品在顾客使用过程中发生的隐性质量问题。例如,衣服的色牢度是检验入仓时不可能检验出来的。所以在后期销售订单的退货流程中,需要详细记录退货入库的商品以及商品退货类型。如果因质量问题而导致的退货率高的商品,需要计算到供应商的考核标准范围内。

(3) 供应商的一次到货率以及延期到货率同样也是供应商考核的重要指标。特别是生产型采购的到货,以实际的情况来说,预计到货数量经常与实际的到货数量存在差异。如果说某供应商一次到货率为 80%,采购人员只能按预计到货期的采购订单 80% 的采购数据来计算库存支撑销售天数。如果某供应商平均到货延期 3 天,则表示该供应商所提供商品追单时间需要按照提前 3 天时间来进行计算。3 天的延期对于传统企业来说可能影响并不大,但对于网店来说也许就因为这 3 天,热销的商品开始断码,而被迫进入预售,导致商品的转化率下滑。

网店的供应商管理与传统企业的采购结算基本相同。但有几个关键点需要特别注意。网店供应商结算管理往往属于商贸型供应商结算管理,与生产型企业的材料供应商结算管理不同。第一个关键点,商贸型的供应商结算是按照实际入库的合格品货值来结算。第二个关键点,结算账期的管理是按照实际到货批次货值进行结算。供应商账期的常见类型有:先款后货型,全部到货后结算型(定期结算),以及先订金后结算型。

(四) 网店采购部门常见的采购标准主要有以下几点

商品动销率。商品动销率是指某一时期内该商品的销售件数与期末的商品可销库存数之间的比例关系。商品动销率如果过高,商品的销售速度大于库存所能支撑的可销库存值,最直观地反映了采购追单是有问题的,除非这个商品属于已经不再追单的、即将进入下架期的商品,如果该商品处于上升期,则是非常不正常的。而商品动销率过低直接反映商品的销售速度不足以消化目前可销库存量,就是库存量偏大了。

商品断货率或预售率。商品进入预售有时是因断货而采取的无奈手段,在没有足够品牌力支撑的前提下,预售会极大地影响流量的转换率。主销商品有多少款已经断货或进入预售期则代表采购人员对追单的时间点和追单的把握不准。

库存的周转率。仓库的库存周转率实际并不在仓库人员的管理范围内,而是由采购人员进行管理的。不是说货回来越快越好,或者越慢越好,大货到货过快,库存量就会过多,不仅对商品快速配货有所影响,而且货款的占用也会过多。而大货到货过慢,会直接导致商品断货,从而对销售产生巨大影响。最佳的状态是让库存周转率维持在一个比较恒定的周转速度中。周转速度以保持在库可销库存货值与周转期内的销售额成一定的比例关系为宜。如果店铺主营时尚性、季节性商品。季初和季末的库存货值应该偏高和偏低。也就是说,除了季初和季末以外,商品到货速度与销售出货速度是趋向一致的,才能保障库存的周转率是恒定的。

季末商品售罄率。是指商品在计划的下架日,通过销售周期,采购人员所选择的商品,累计正常的销售量(不包含季末需要通过清仓手段的销售量)与采购总量之间的比值。售罄率偏低,虽然此商品最终也能通过清仓式的丢货完成销售,但本质上此款商品的开发或者追单是失败的。如果售罄率比较高,则该款商品的开发和追单是成功的。

到货延迟率。网店采购还有一个重要的职能,就是对供应商的把控,商品是否能按时、保质、保量的全部到货,是采购人员对供应商把控能力的体现。只有采购人员能把控供应商的产能、生产过程中的每个时间节点,才能最终保证该款商品按时、保量的全部到货。因此,到货延迟率是作为网店采购的重要考核标准。

三、电商企业的仓储管理

(一)了解网店仓储管理

网店的仓储包括了商品的进出、库存、分拣、包装、配送及信息处理。当商品不能及时并完全销售时,企业就需要有一个专门的存放点,这个就称为静态的仓储行为,其中对商品的保管和控制及其采用的方法则是动态行为。不同发展阶段、不同经营类目的网店企业,都需要针对自身的运营情况及时对仓储进行适当的调整或改变。

1. 网店仓储管理的目的

网店仓储管理的一个重要目标是柔性最大化,柔性是通过信息技术实现的,信息技术能够为存储和商品处理提供一些更高效、更便捷的方法,从而影响仓储的各个方面。常规意义上,柔性包括以下方面:商品分类、增值服务以及安排发货的方式。柔性的控制是相对灵活的。随着物流向供应链管理的发展,企业越来越多地强调仓储是作为供应链中的一个独特角色。仓库不再只是单纯存储货物的库房了,而正在向配送中心演化。以服装行业为例,一个中型规模的卖家发货量可以达到每天 1 000 单以上,就需要在自己仓库的布局里面安排物流快递的中转分中心,这就意味着他们已经开始向配送中心转化。仓库面积大小跟商品的 SKU 数量及商品库存数量有着密切联系,直接决定了仓库的利用率,利用率越高,说明仓储布局规划越合理。

2. 网店仓储管理的原则

网店仓储管理的基本原则是效率原则,是指在一定劳动要素投入量下商品的产出量比,高效率是现代经营管理的基本要求。高效率就意味着产出量大,劳动要素利用率高。仓储的效率同时表现在仓容利用率、货物周转率、进出库时间、装卸车时间的指标上,从而达到快进、快出、多储存、保管好的高效率仓储。存货是一项重要的流动资产,它会占用大量的流动资金。在电商企业中,存货会占到企业总资产的 30% ~50%。其管理、利用情况如何,直接关系到企业的资金占用水平以及资产运作效率。

虽然限制仓储空间会对仓储运作造成威胁,但却是很多淘宝卖家高层管理者所青睐的解决方案,主要原因是管理层面总有一种误解,即"总能在仓库中找到再放一件东西的地方"。然而,当仓储空间达到极限的时候,商品就会开始摆放在通道上、分拣区以及其他空地上,或放置在预留给其他商品的空间。这样的结果是库存精度降低,效率下降,绩效滑坡,最终导致服务水平下降。最大限度利用仓储空间,需要有效地移动、快速进出,可以有效抵消仓储空间的成本。

有效空间计算,必须考虑通道,分拣区和其他存储空间所占的建筑物空间。

基于这种原则,如果说仓储的空间"满"了,从实际操作的角度来看,储存的空间已经达到了80%~85%。要有效规划空间,就要对商品和商品的流动进行反复分析,制定仓储设施和储存模式(订单拣选模式)的动态布局。总而言之,如果没有切合实际的空间布局,不理解分类的需要,不理解摆位和补货的原则,整个仓储运营就会很快产生问题。换一种说法,速度比储存的密度更重要。如果你一定要在某些作业中牺牲速度,在摆位的地方可以紧缩空间,但要在分拣/包装的地方保持快速操作的空间。这将加快仓库作业的运转速度,也就提升了卖家的发货速度。一个卖家的某件商品的库存周转率(货物的销售数量/货物的库存数量),如果一年的周转次数超过6次,是相对比较合理的周转次数。如果周转次数低于6次,可能你的商品周转情况不是很好,需要加快该商品的周转速度,如加大推广力度、清仓促销等。若有些爆款商品的周转次数比较高,甚至超过20次、30次,就说明这个商品卖得特别好,需要重新审视你的采购订货点及采购量,确保供应链持续不断地供货。进出货的时间指货物在进库及出库存的过程中,所需要花费的总体时间,速度越快,相对的效率就越高。装卸车的时间是当物流卡车到达仓库时,需要以最快的速度把货搬下或者搬上卡车。

3. 仓储成本管理

仓储成本是一项非常重要的财务资产,目前大部分卖家很少能精确地计算出仓储成本,主要是因为仓储成本的构成不够明确。针对持有库存的生产型卖家及销售型卖家企业,仓储成本主要包括:仓储持有成本、订货或生产准备成本、缺货成本和在途库存持有成本。

电子商务的仓库管理基本流程:

入库──→储放──→补货──→拣货──→出货

制订仓储规划时,同时还要考虑货物的重量和其他特殊因素,如货物是不是需要冷藏等,这样就需要一些特殊的环节来存放。仓储设计必须考虑商品的移动特性,如果货物的体积或者质量比较大,就必须把这些大件的商品放置在尽量靠近仓库的出货区。

在设计过程中必须考虑3个因素:仓库的层数、空间使用计划和商品流。理想的仓库设计是一个单层建筑,这样就能避免垂直搬运货物。通常作业瓶颈产生在垂直搬运设施处,如电梯和传送带。仓库设计应该使空间使用率最大,尽管传统行业中的仓库设计高度已经达到了 20～30 米,但绝大多数淘宝卖家的仓库层高是 6～9 米。过高的设计会加大成本的投入,其中的产出比需要卖家自己衡量。如果考虑到层高较高,为加大空间的使用,可以采用一些阁楼式的货架。如果是多层仓库,整体仓库的使用情况会比较复杂,一般而言仓库电梯的效率并不是非常理想,如果考虑大量发货的情况,仓库高度会影响卖家的发货速度。

(1) 入库。入库是商品储存的开始,主要是指仓库接到商品入库通知单后经过接运提货、装卸搬运、检查验收、办理入库手续等一系列作业环节所构成的整体过程。

(2) 储存。入库之后通常会遇到摆放位置的问题,放在哪里比较好,以及存储的流程如何。通常的摆位有按收货顺序摆位、按商品分类摆位、按目的地摆位三种。大多数淘宝卖家在实际仓库作业中能明显感觉到,商品的移动会直接影响作业的复杂程度,但未必能够找到合适的方式存储。在仓库的布局空间相对合理的情况下,建议可以采用分类摆位与目的地摆位结合的方式存放。尽量把大件或较重的商品一次性放置在靠近出库口的位置,避免重复移动或多次移动。通常的 B2C 仓库会将仓库的区域划分为零库和整库,即单款 SKU 商品储放的货架和整箱商品存放的区域。这样的规划有利于减少订单拣货路径长度,并加快拣货员的拣货速度。

(3) 补货。也称"仓位补货",因零库货架上的商品不足,而需从整库的整箱商品中拣取并存放到相应的零库货架上,俗称"调拨"。

针对卖家的实际情况,建议采用定时补货机制,如每天中午或晚上,检查商品库位使用的情况,同时还需要查看往日的销量及下一补货期前的预测销量。这样可以计算仓位的容量是否能够满足预估及发货的情况,还可以根据仓位的容积率来计算存放 SKU 的数量。这些对于后续补货的时候,是否补满,补多少有重要的意义。有一种情况,对一些相对次要的商品,如果补得太多,就算补满了,也可能会造成仓库效率没有发挥到最佳,在一个库位中,可能会放两到三个不同的 SKU,这取决于商品的 SKU 数量及销量。

在保障业务正常运作的前提下,为使库存商品达到最少数量所进行有效管理的技术经济措施,也就是对商品库存量的控制。

库存控制的关键问题:

（1）确定订购点，当库存量降至某一数量时，即刻进行采购补充。

（2）确定订购量，当库存量已达到采购点时，需决定订购补充的数量。订购量过多，则货品的库存成本增加，订购量太少，货品会有供应断档的可能，且订购次数必然增加，提高了订购成本。

（3）确定库存基准，维持多少库存需要考虑最低和最高库存量，通过ABC分析、加速周转、提高仓容利用率等方法来优化。仓储管理系统要求保证库存的准确性，以维持仓储作业的有效性。这就需要按计划周期性进行指定存库区域的盘点。

（三）电子商务订单分拣

在处理订单时，作业人员需要对货物进行分拣，并将分拣完毕的货物放置在发货区域。分拣作业的目的是满足订单的个性化需求。B2C电商卖家的分拣作业直接影响到发货的效率及订单的正确性。订单分拣是仓库作业的一项主要活动。每个订单都要对分拣出来的商品进行打包，并按照要求进行包装，如有特殊包装需求，则需在订单备注等处特别注明。

订单分拣的基本流程：

订单分类——打印订单——打印物流单——拣货——订单校验

在打印订单前，应尽量按照订单商品所在拣货库位重复性的原则进行分类，并对订单中商品顺序进行排序，如仓库面积较大，可选择最优的拣货路径规则来打印订单，以便拣货员能够以最短的距离拣取订单中的所有商品。通常，打印订单与打印物流单是同步进行的，有些小卖家的订单客单件为1~2件，则可省略打印订单的环节，直接把商品所存放的库位编码打印至物流单处，但通常不建议这样操作。拣货员在订单分拣区中拣货完毕后，会将商品、订单与物流单交付至订单校验台，再进行商品的校验工作。订单校验的目的是确保每张订单的购买商品与实际拣选商品的品种与数量保持一致，一旦发生错误可立刻检查。

 **本节任务**

任务背景

小明是淘宝集市店大卖家，经营近500种SKU商品，涉及食品、日用品、化妆品、玩具等多个类目。每天发单量约 3 000 单。由于商品款式太多,大促销来临时无法预估潜在热销商品种类和库存,直接导致大量商品缺货和存货积压。

任务要求

1. 在淘宝网食品类目导航栏里查看分析,哪些类目的食品是目前热销的商品,各热卖类目里面卖得最好的一款的销售量是多少?

2. 小明的商品经常卖断货,请你告诉他目前主流的追单形式有哪些?分别有什么特点?

案例分享

淘宝卖家仓储管理

中宵在淘宝网经营天猫店铺,每天发单量在 5 000 单左右(不含聚划算等促销活动)。现有仓库作业人员近 30 人,仓库面积 3 000 平方米(共计 3 层楼)。仓库一楼为标准型产品(如食品、日用品等),二楼为非标准型产品(如服装等),三楼为整库区。入库口与出库口分别在仓库的两端,有利于入库与出库作业同步进行。仓库区域分为入库区、商品质检区、出库区、一楼标准型产品拣货区、二楼非标准型产品拣货区、次品区、三楼整库区、暂存区等。他以前没有采取规范有效的仓库管理时,仓库峰值吞吐量 10 000 件,库存数量不准,大促销时无法预估商品库存,直接导致大量缺货,拣货中完全凭借记忆拣货,新人的拣货效率低而且培养所需时间长。

在学习完电商仓储管理的课程后,他决定对仓库进行专业管理的同时进行计算机数据对应记载。使用智能手持扫描终端快速仓位补货。总体出库方式采用先进先出,具有保质期的商品则按照保质期优先发货的原则发货。大部分产品采用扫描条码进行订单校验,针对无法贴条码的产品,则使用人工图片判断方式校验。在改造完成后,订单校验台增至 4 条流水线同时作业。打包区可同时满足 6～8 人作业,包裹堆放于交接区。包裹称重后,与物流公司交接并装车。

课后思考与练习

1. 名词解释

市场定位　　数据魔方　　生意参谋

2. 简答题

淘宝网常用的市场及产品分析工具有哪些？分别有什么特点？

B2C 仓库管理的基本流程是什么？请简述。

任务 2　客户服务和关系营销

☼ 任务目标

一、了解客户服务的基本流程；

二、了解会员关系管理；

三、了解会员等级划分的基本方法。

☼ 知识储备

一、客户服务的基本流程

电商的客户服务对电商的整体销售业绩有着重要的影响，是所有电商不可忽视的重要环节。客户服务是一系列提升顾客满意度的行为，即通过产品或服务来满足客户的期望。电商客户服务包括售前、售中、售后各个环节，与传统行业有所不同，电商客户服务多数是在不与客户直接面对面接触的情况下进行的，服务难度和复杂度较之传统行业要大。对客户的服务直接决定电商企业的发展，因此企业非常重视客户服务的规范与流程。

客户服务：首先，最基本的就是在产品和基础服务上让客户获得满足；其次，通过各种客户关怀活动，为客户提供最贴心的服务，让客户感觉受到重视；再次，通过专业的客户服务质量，让客户把这种好感铭刻在心；最后，通过持续的跟进服务，让客户最终成为电商的忠实客户，这是每个电商卖家最希望看到的结果。

（一）客户服务价值

客户服务的价值主要体现在 6 个方面：提升满意度、改进服务、提升品牌口碑、避免客户流失、优化管理、促成二次购买。

提升满意度。不同行业对服务的要求不同，有些行业甚至是三分产品七分服务,足以见得服务的重要性。

改进服务。随着电子商务运营的深入,需要适时、适度地为买家、会员提供新型的服务。

提升品牌口碑。客户服务是消费者在购买、使用商品过程中不可或缺的一环,知名品牌除了靠产品质量提升自身价值外,更多的是靠规范、完善的客服体系。不仅要把合格的商品销售出去,还要通过提供全方位的客户服务(售前导购、售中跟进、售后服务、客户关怀等)来将口碑价值融入品牌之中。

避免客户流失。商品的瑕疵未必会造成客户的流失,但卖家的傲慢态度才是把客户推向其他商家怀抱的主要力量。批量生产的产品难免会有瑕疵和质量缺陷。但是发生问题并不可怕,可怕的是发生问题后卖家客服不能妥善处理。好的客服可以让坏事变好事,即使商品存在瑕疵,但是积极主动的售后服务却可以挽回客户的信心,甚至强化客户对品牌的忠诚度。

优化管理。服务是面向用户的服务,服务的主体就是实际的消费者。消费者的需求,才是客户服务中最需要关心的问题,而不是提供没有实际意义的服务。

促成二次购买。无论传统线下的业务还是新兴的电子商务线上销售,推广费用偏高都是困扰企业赢利的最大瓶颈。有效挖掘老用户,从中促成二次消费或重复消费有助于降低电商的推广成本,提升利润率。

(二) 客户服务流程

一个完整的电商销售接待流程包含三个主要部分,即售前服务、售中服务、售后服务。

1. 售前服务

在当下供过于求的买方市场环境中,售前服务被放到了特别显要的位置,在整个营销和销售过程中,售前服务是营销和销售之间的纽带,作用至关重要,不可忽视,参见图2-4。

图 2-4　售前服务范围

（1）售前服务的内容

售前服务的服务内容是基于客服售前知识管理的基础上进行的。所谓知识管理,是指在企业中建构一个量化与质化的知识系统,让企业的资讯与知识,通过获得、创造、分享、整合、记录、存取、更新等过程,不断地回馈到知识系统内,在企业组织中成为管理与应用的智慧资本,有助于企业做出正确的决策,以应对市场的变迁。对于以提供多样性服务为主的客户服务部门,知识管理有着更深刻的意义和价值,尤其是客服案例知识的积累和管理。每日客服人员要应对来自不同地域、不同阶层、带着不同问题的买家。如果有一个案例知识库,将网店在经营过程中曾经遇到的客户事件,从发生缘由到解决过程再到处理结果都能够完整、详细地记录下来,并且根据事件的个体环境不同,再加入一些注解和建议,这将对提高现有客服人员的工作能力和培训未来客服新人起到积极的参考作用。同时,对于网店卖家不断优化、改善服务和运营策略也会起到积极的作用。下面着重对售前客服的工作内容进行举例说明。

当买家提出索要赠品的需求时,售前客服会根据赠品标准来判断买家是否满足条件,能否获得赠品。如果符合赠品条件,则售前客服会在订单备注中加入赠品信息,以便后续的审单专员在订单审核时将相关赠品填入订单之中。如果不符合赠品条件,并且买家比较纠结则卖家客服会将买家需求提交上级领导审批,领导审批同意则同样在订单备注中加入相关赠品信息。反之领导审批未通过,则售前客服会与买家沟通,将结果告知买家,以换取买家的谅解。对于哪些情况是售前客服可以直接回绝或答应买家,哪些情况需要向上级领导提交审批,这些都要在审批机制中清晰设定。

（2）大宗交易订单服务

当售前客服发现有大宗交易迹象时将订单信息转给大宗交易专员负责,大宗交易专员会将订单全部信息及聊天记录等沟通内容提交给法务专员审核,如果法务专员发现大宗交易存在恶意交易索赔迹象则迅速中止交易。如果未发现异常,则此信息会继续传递给上级领导,对订单的折扣进行评估,折扣申请通过后,大宗交易专员将折扣信息记录到订单备注之中,以待审单专员审单过程中对订单折扣、金额的修改。在日常对售前客服的培训中要规范标准应答话术,尤其是对于产品的解释、品牌相关信息的描述要严谨、规范。要具备初步的辨别买家拍单意向的能力。当买家第一次来网络购物就拍下几千元甚至是上万元的商品时，要对买家的购物账号注册时间、消费记录进行相关查询和了解。有恶意买假索赔的买家一般与售前客服的沟通重点都放在产品材质、品牌授权等方面，而非普通买家对质量、价格、优惠比较关注。对于明显妄图谋取不法利益的信息，要及时与电子商务平台运营方取得联系或举报。

买家要求提供发票的，要在订单备注添加发票，发票的放置要规范，告知买家发票放置的位置。

（3）知识管理系统

售前客服需要有功能完善的知识管理系统。包括产品知识、物流知识、三包知识、促销解答等。产品知识包括网店所售商品的生产制造、使用、评测、对比等信息，分产品类目、分系列、分型号进行完整的记录汇总，以便客服人员能够快速准确完整地掌握所售商品信息。物流知识包括网店所合作的快递公司信息，包括联系电话、查件网址、可配送区域、配送周期、价格、运费保险等信息。三包知识包括对退换货标准、政策、退换货费用、各种三包的处理流程、周期等信息进行完整记录。促销知识包括网店各个阶段的促销规则、促销商品、促销活动起止时间、用户要求等内容。

（4）主动推荐

售前客服还要具备主动推荐营销的能力。通过运营反馈过来的销售数据（畅销商品、畅销价位、畅销趋势等），买家行为分析数据（性别、年龄、购物能力等）有针对性地将促销信息告知目标群体，从而提高促销活动的执行效果。

2. 售中服务

售中服务是保障客户良好购物体验的重要环节，其中覆盖了发货和付款相关的多项重要环节，尤其是催发货、快递查询、修改订单三类工作，是日常客服受理最多的三项任务，参见图2-5。下面着重对售中客服的工作内容进行举例说明。

（1）发货时间

当订单自成功支付起计时，超过72小时仍未安排发货，则被视为延迟发货订单，因此网店卖家要在至少48小时之前对未发货订单进行汇总、统计，以便有充分的时间来处理未发货的订单，以免产生延迟发货的现象。不同快递公司都会提供官方网站在线查询包裹物流信息的服务，淘宝后台物流信息也会显示。但是针对

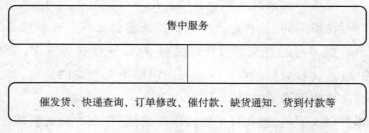

图 2-5 售中服务范围

有异常的在途包裹就需要通过快递公司提供的查询接口才能看到最真实的信息（有些在快递官网查到的信息只会停止到一个地区，但是，实际上可能是因为包裹超区或包裹破损等原因造成无法再往下一个配送点投递），以便网店卖家及时发现问题，及时与买家沟通，协调解决包裹异常的事件。售中客服在跟买家交流的过程中，还要注意买家查询的商品物流信息，是正常销售期间发货的还是大促活动期间发货的。这样可以根据具体情况解答不同到货时间的区别。对于确实因卖家原因造成的延迟发货，还要积极协助买家解决问题，例如减免部分费用或者补发商品、赠送礼品等。

（2）信息修改

买家在下单购买后，由于各种原因提出订单修改需求。售中客服首先要查询订单目前处于什么阶段。订单处于不同阶段要修改所涉及的人员和方式各不相同。订单处于"未下载订单，已下载未审核，已审核未打印，已打印未配货，已配货未出库，已发货"等不同阶段时，对于订单中的不同信息（收货地址、订单商品等）都有不同的处理方式。

3. 售后服务

售后服务是保障客户满意度的重要环节，关系到品牌品质的口碑，售后业务的处理效率至关重要，参见图 2-6。高效、准确、完善的售后服务从一定程度上有利于化解卖家与买家的矛盾，通过诚挚的售后服务来换取买家的谅解和重塑品牌威信。下面着重对售后客服的工作内容进行举例说明。

（1）退货

在淘宝平台中，因卖家过错导致退货的，卖家应当承担相应的运费；卖家对退货不存在过错的，退货时的费用由买家承担；包邮商品，发货运费由买卖双方分别

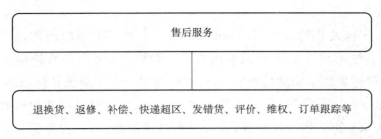

图 2-6 售后服务范围

承担。买家购物时投保了运费险的商品由保险公司承担。当客服同意退货后,客服人员根据筛选过滤将买家要求退货的订单进行关联并生成退货单,当买家寄出退货商品后,待仓库验收并确认符合退货标准后,再通知财务退款专员及时给买家退款。

（2）换货

买家提出换货要求时,售后客服要提醒买家将原商品按要求寄回并由卖家仓库确认签收,质检确认符合换货标准后,才能二次发出换货商品。因此整个过程涉及的人员、部门较多,只有专人负责跟踪换货业务,才能确保换货的快速进行,如遇到异常问题,售后客服可及时与买家沟通,妥善解决异常问题,而不是等待买家发起维权投诉。

（3）返修

返修也是卖家三包中的重要一环,虽然返修不会引发退货、换货业务,但是售后维修的好坏直接关系到卖家品牌的口碑。对于某些超期返修、超服务返修的情况,售后客服要通过预先制定的审批流程来征求上级领导对买家提出的返修建议,确定是否给予买家返修服务。

（4）补偿

买家收到商品后因各种原因要求补偿时,售后客服应会根据商品情况做出相应解释和沟通。确实需要补偿的,可以通过现金或实物补偿的方式来换取买家的谅解,并保持卖家品牌在买家心目中的正面形象。对于不同的买家纠纷,采取何种方式的补偿以及补偿额度等细节问题都需要售后客服经过一定的审批流程来确定,并最终与买家沟通,妥善解决纠纷问题。同时做好补偿单（新增）、补偿单修改（过程,补偿方式,金额,实物补偿品等记录）、补偿单完成等单据。

（5）超区包裹

对于超区包裹处理，可针对不同快递公司来制定不同的超区包裹处理预案（有些快递会主动想办法完成包裹的投递，有些快递则直接将快递包裹原件返回）。根据超区发生的比例和频率，售后客服可以进行简单统计反馈给上级后，采用结算扣款、取消优先发货权等方式来制约快递公司，以提高其超区收件的发生率。对于买家提出的错发货事故，售后客服要详细登记，并按照买家的要求进行二次发货或退货处理，根据调查结果对错发货的原因、消极影响（退货、中差评等）、责任人进行记录考核。

（6）中差评处理

当买家对商品或服务给出中差评后，售后客服要从中总结经验教训。无论是买家的问题还是网店管理中存在的问题，中差评从某种程度上都会把网店的问题毫不留情地暴露出来甚至放大。因此，从现有的小问题入手，才能避免日后网店运营过程中发生更大、更恶劣的负面影响。适当妥协换取买家谅解，例如通过物质、现金的方式给予买家一些补偿也有助于化解买卖双方的矛盾。

买家在淘宝后台发起维权时，无论处理方式、结果如何，售后客服都应及时响应。这样可以让买家体会到卖家对待维权的重视态度，更有利于维权事件后续的解决。

（三）客服工作常见问题

在网店的发展过程中，目前也逐渐暴露出一些问题。由于网店经营的产品较多，加之扩招的新客服对产品不熟悉，在回复买家咨询时往往不够严谨、准确，有些问题新客服不知道就去咨询资深的老客服或组长，如果他们也不知道那就只能敷衍回复买家。更有甚者甚至干脆不再回复此买家的问题。售前咨询中，由于客服回复不及时、回复不准确，不但极大地降低了询单转换率，还增加了日后与买家发生交易纠纷、退换货的概率。对于快递、促销活动等咨询也时常需要咨询老员工或组长才能回复买家，严重影响了工作效率。对于买家经常咨询的一些问题，例如，快递公司的可配送区域、查询网址、具体运费等问题也无法做出快速、准确的回答。

售中客服缺乏主动服务意识，发生了超卖情况不是主动与买家联系沟通，而是被动地等，等待买家联系质问客服为何还未发货，这不但激化了买卖双方的矛盾,同时也极大地降低了买家的网购体验。无论是查件还是订单修改或是缺货超卖,会导致网店评分较低和投诉维权数量增加。

售后客服在处理售后三包时,对于三包制度不了解,哪些可以退换,哪些只能返修不能退换不能给予买家明确答复,而是用模糊的说法来搪塞买家,极容易把小问题扩大化,造成买家与卖家的维权纠纷。

针对这些问题,分析原因大致有以下几点:客服部岗位任务分工不明确,遇到问题容易出现相互推诿;岗位流程不清晰,遇到问题不知道如何处理;缺乏规范制度,没有建立考核机制,客服工作积极性不高。

对于出现的问题,可以从售前、售中和售后三个主要服务环节入手,将每个环节中所涉及的个体工作流程化,对每个流程中涉及的岗位和人员进行定人定岗,并依照业务流程中的具体工作制定规范的制度,建立可量化执行的考核方案。在平时客服培训中不断灌输主动服务的意识和针对个别恶意卖家提升自我保护意识等思想观念。通过流程化的执行,在过程中不断优化,完善流程,调整人员岗位和考核目标。

二、会员关系管理

1. 认识会员关系管理

随着电子商务的发展,越来越多的商家和传统企业开始入驻淘宝购物平台。随之而来的就是流量的获取导致竞争越来越激烈,流量的成本也越来越高。一些推广方式每获取一个新客户的成本已经达到了 100 元左右。与此同时,很多商家自身存有大量的会员和老顾客。很多卖家普遍遇到的问题是:不知道自己的客户喜好、缺乏客户分类、想进行客户关系管理,进行二次营销,却无法完整地统计会员、积累了数万计的客户却不知如何利用会员资源进行营销活动等问题。

会员关系管理,简称 CRM,是以客户为中心的企业管理理论、商业理念和商业运作模式;也是一种以信息技术为手段,有效提高企业收益、客户满意度、雇员生产力的具体实现方法。

CRM 分为操作型 CRM 和分析型 CRM。操作型 CRM,是指对市场、销售、服务等方面,也是对企业前端管理的业务流程进行重新规划和整合,以最佳的工作方法来获得最好的效果。例如,销售过程的管理、代理的管理、员工的管理、服务请求的回复管理等。分析型 CRM 主要是获得各种数据,进而为企业的经营和决策提供可靠的量化依据。分析型 CRM 一般需要用到一些数据管理和数据分析工具,如数据仓库、OLAP 和数据挖掘等。操作型 CRM 和分析型 CRM 的简单区别如表 2-1 所示。

表 2-1　操作型 CRM 和分析型 CRM 的区别

	操　作　型	分　析　型
面向对象	销售/起步型收集数据	成熟行业数据积累
功能作用	记录跟踪数据、标识客户	分析维度、策略参考
数据来源	自人录入/数据导入	自主录入/数据导入
分析引擎	偏重记录,分析较弱	偏重分析,数据清洗

从上面的简单对比可以看出,操作型 CRM 主要特点是进行数据的记录、收集以及实现对客户不同状态变更的管理;分析型 CRM 主要特点是把大容量的销售、服务市场及业务数据进行整合,使用数据仓库、数据挖掘和决策支持技术,将完整的和可靠的数据转化为有用的、可靠的信息,再将信息转化为知识,进一步为整个企业提供战略上和技术上的商业决策。对于电商来说,分析型 CRM 更适合整体的作业方式和实际所要达到的目的。

电子商务就本质来说是供应链管理和会员管理,无论从事任何行业和类目,如果会员的忠诚度高,对于企业来说就是财富和发展的核心动力。作好会员管理可以节约营销成本,获取客户成本低,推广成本反复利用,例如上了几次钻石展位推广,对于销售额来说,可能在有限的几天内可以体现出来,如果后续不断促使推广期内获取的客户反复消费,从长期来看是分摊了推广费用的成本,节省了市场营销、快递费用、服务等方面的开支。

2. 会员关系管理的基本流程如下

会员数据积累与采集—会员状况分析—客户等级划分—客户分组划分—制定营销活动并执行—营销活动评估效果

三、会员等级划分的基本方法

CRM 的数据获取是最基础的,收集完会员信息后,就要了解会员现状,对会员进行等级划分,发现最有价值的客户。会员等级是一个相对固定的会员分层方式,分组可以更灵活地发现会员的其他行为,针对不同的人进行不同的营销策略,会使转化率更高。开展营销活动之后,必须有一定的评估,来查看每次营销的效果如何,以便以后更好的改进。

(一)通常收集数据需要下列会员的基本属性,见表 2-2 所示

表 2-2　会员的属性

买 家 属 性	心 理 属 性	行 为 属 性
性别、所在地、个人特征	心理特征(品味、嗜好等)	行为特征(交易行为)
性别、年龄、居住地	兴趣爱好	购买时间、金额、数量
职业、收入和资产状况	产品需求	订单状态
家庭结构	服务需求	订购宝贝及服务
联系地址、方式	……	购买频次、消费能力
旺旺号、支付宝账号		关联销售分析
……		……

表格中会员数据相对比较全面,商家在实际操作过程中,可以根据自己的产品实际情况选择数据分析。前期第一步可以先收集订单数据,基于订单数据来整理会员数据。

(二)会员数据采集步骤如下

(1)登录淘宝网,进入"卖家中心"—"已卖出的宝贝",参见图 2-7 所示。

(2)如果要下载 3 个月以前的订单可以单击"三个月前订单"选择,参见图 2-8 所示。

(3)选择需要下载订单的具体时间段,参见图 2-9 所示。

(4)单击"导出/下载历史订单"按钮,参见图 2-10 所示。

(5)单击"导出订单",生成报表,如图 2-11 所示。

(6)下载订单和宝贝数据,单击"下载订单报表"按钮和"下载宝贝报表"按钮,如图 2-12 所示。

数据采集时需要注意以下问题。

三个月内的订单可以直接在淘宝收集。以往更多的订单可以通过三个方式收集,自建系统获取与导入,这部分数据可以协调技术负责人来获取数据;通过淘宝导出数据(有固定时间内单数限制);采用淘宝的异步服务,可以导出 2008 年以

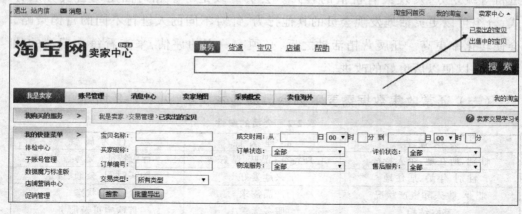

图 2-7 选择"已卖出的宝贝"

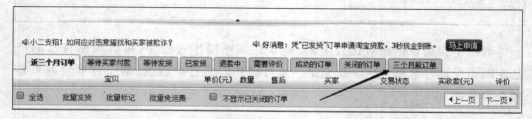

图 2-8 数据采集,选择时间段

图 2-9 数据采集,选择年月

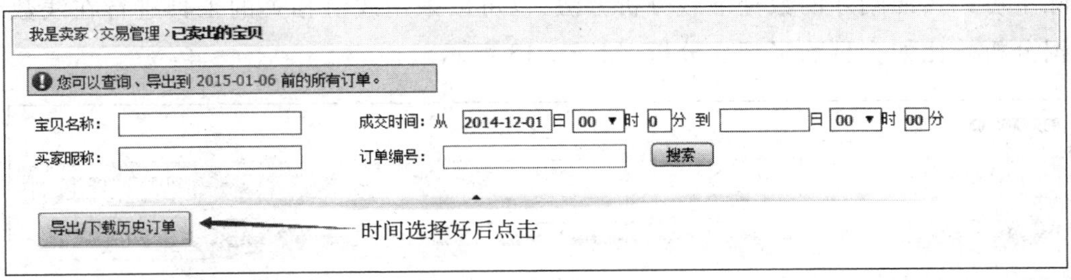

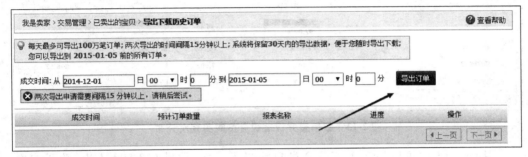

图 2-10　数据导出

图 2-11　数据生成报表

图 2-12　下载订单数据与宝贝数据

来的所有订单。如果手头有其他的数据来源,也可以一同收集,要做好每个字段项目的定义,这样方便以后进行分析。

（二）会员数据分析

会员数据采集回来后,就可以对数据进行分析了。分析的方法和工具很多。

除了可以按照刚才的数据下载分析方法,也可以采用线上相关的工具进行在线数据分析。比如会员购买频次分析,如图 2-13 所示。

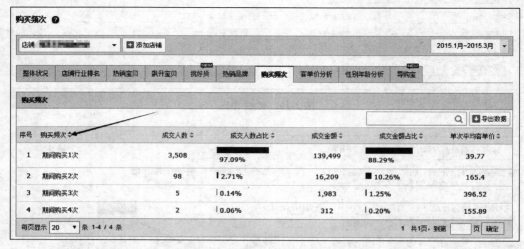

图 2-13　数据魔方标准版会员购买频次分布

从图 2-13 中可以看到大部分会员只购买了一次,数量有 3 508 人次;购买二次以上的会员只占不到 3%。表明该店铺需要加强会员维护工作。

对于会员增量趋势分析,可以反映店铺客户黏性是越来越好,还是老顾客不断流失,如图 2-14 所示。

消费行为分析

月份	最近3月内复购率	最近12月内复购率	最近12月内平均购物间隔天数
2014-12	91.49%	92.43%	4.66天
2015-01	87.12%	93.25%	5.14天
2015-02	85.46%	92.29%	5.06天
2015-03	79.87%	84.11%	4.82天

图 2-14　生 e 经软件对会员购买频次行为分析

这家店铺的老会员回头购买,按月来看是逐步下降的,说明店内产品及促销对老会员的吸引力在下降。

通过工具对会员数据分析,还可以发现休眠客户数量与比例。究竟有多少人在多长时间内没有再来购买。那么营销活动的第一步就是想办法把休眠会员唤醒。通过一些方式方法把他们叫过来。例如食品行业,会员1个月不来,或者是半个月不来,就要想办法让他们来了。服装行业3个月内要来一次,像其他的3C行业或者家具行业可能会员就会一年以上不会再来了。根据行业的不同,唤醒休眠客户的时间长短是不一样的。

不同的行业往往下单的时间段是不一样的,可以通过分析会员下单的密集时间区域来分配客服人员,同时下单时间也是进行客户关怀的时间标准。

不同等级、不同购买频次、每笔客单价及购买金额都可以反映会员消费能力以及反映出店铺关联销售的能力是不是有所提升。客单件和客单价类似,这个数字显示表现的是每个订单内的宝贝数量,可以反映客服关联销售的能力,也可以检验运营、页面设计人员在推荐购买和关联销售的效果。

对会员的分布进行分析,可以发现哪些地方的会员购买力更强,哪些地方会员分布最广。地区的会员分布情况可以指导直通车和钻展的投放地区。

三、会员等级划分

当收集会员数据了解了自己店铺的会员状态后,可以把顾客进行等级划分。等级代表着会员对于店铺的价值;等级代表着会员对店铺的忠诚度;等级可以指导商家采取不同的营销措施。

(一)常见的会员等级划分方法

(1)金额累计法。通过单纯的购买金额来衡量,不同的金额制定不同的等级。

(2)金额与购买频次法。通过购物金额和购买频次两个维度来进行划分。目前淘宝的会员关系管理也是采用这种方法,如图2-15所示。

当设计会员等级并且也设置好对应的折扣价格以后,在店铺中就可以看到商品对应的不同价格。

很多商家都在使用会员等级,需要注意的是设置基础会员门槛的金额要参考店铺的平均客单价。

(二)会员分组管理

当把会员等级划分完以后还有一项非常重要的工作,就是会员分组。因为会

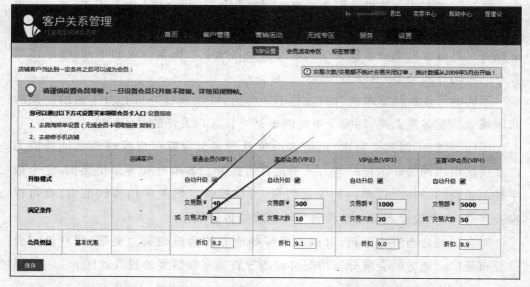

图 2-15　淘宝会员关系管理使用交易额和交易次数两个维度

员等级仅仅是按照频次、金额、时长这三个维度来划分的。但会员本身还有很多属性,每个属性都代表一群客户。如何进行自由灵活的筛选,必须要有一些分组来解决会员制度的不足。常见的客户分组条件可以关注以下几个属性:所属店铺、所属地区、下单时间、下单次数、消费金额、购买商品总数、客户关怀次数、生日、性别等。例如,可以按照不同地区的会员消费金额来筛选客户,这是主要考虑到江浙沪地区的购买能力和意愿比较强,商品把这个地方的会员单独分组,以后做营销活动的时候,这部分会员会进行相对频繁的营销活动。也可以考虑会员购买过某个商品来进行分组,这样做的目的是,如果与此商品类似或者相关联的商品上架以后,会对这部分会员进行相关的推广活动。

（三）会员营销

　　数据采集、客户数据分析是为了配合营销活动的开展,而把营销活动传递给顾客,需要借助不同的方式,参见图 2-16。不同方式的成本、效率、转化率都是不一样的,所以要针对不同的客户、不同预算、不同的营销目的来选择不同的营销传递方式。常用的营销传递方式有:短信、电子邮件(EDM)、电话回访、淘宝站内信、旺旺、礼品赠送、微信朋友圈等。

图 2-16　淘宝会员关系管理后台促销方式

1. 几种常见的会员营销方式

短信营销。短信营销成本较低,且准确度较高。一般短信的到达概率及顾客查看的比率是在营销方法中偏高的,但整体的转化率受活动力度影响较大。

彩信营销。彩信营销成本稍高,信息传递比短信更丰满,增加用户浏览停留的黏性,加入多宝贝对比及店铺链接,增加浏览转化率。

EDM 营销。EDM 成本较低,因为可以直接单击页面,活动转化率比较高,但是顾客查看的概率不高,而且需要提前准备网页设计。

电话回访。电话回访是顾客感受度最好的营销方式之一,准确率和转化率也非常高,但同时也是平均成本最高的一种方式。

淘宝站内工具营销。可以通过群发消息、发优惠券、建旺旺群等方式在后台设置客户关怀,这些是平时就可以进行的二次营销方式。顾客最喜欢的莫过于实物礼品了,可以作为小惊喜出现在顾客的包裹中,但是礼品的选择是有技巧的。例如,食品类常用的礼品就是将要上市的小包零食,可以用于测试市场,也可以提前吊吊顾客的胃口,对二次销售帮助很大。需要注意的就是礼品的选择后,一般会在上面印上店铺相关信息。

短信营销。短信营销因为成本低、见效快、到达率高,所以商家使用率很高。但是在选择短信的时候要注意以下几点。

(1)言简意赅,直奔主题,注意发送字数。因为一般情况下,短信的发送字符最多只有 70 个字。如果文字超过 70 个字,会被当作两条短信来发送。这样客户会感觉不好,语义被拆分,同时也增加了短信的发送成本。

(2)热门词语。大家一般对热门的词语会比较感兴趣。如果热门词语运用得当,那么会收到很好的效果。

(3)精准发送。发送的精准性与客户分组和客户细分相关。客户细分越科学,则发送的精准性就越高。

(4)提前量、重复量。提前发送短信有两个好处,一是可以做营销活动的预热,提前告知客户,另外也可以避免发送高峰时短信堵塞的情况,特别是在热门节假日,如春节和国庆。

(5)客户尊重感。当客户阅读短信的时候,如果让客户感受到被尊重,那么回头购买的概率会大大增加。增加客户尊重感的常用做法有两种,一是短信开头以客户的真实姓名来称呼,让客户觉得此短信是针对自己发送的。二是可以在短信中增加夸奖客户的语言。

(6)唤起记忆。现在网上购物非常频繁,根本记不住在哪一个商家买过东西,即使把店铺名称写上可能也无法回忆起。这个时候你要想办法让他唤起记忆。只要你的店铺让他有过良好的购物体验,他往往还会来。

(7)优惠信息。优惠和活动的信息是让客户回头最常见的方式,要简单明了地把优惠和活动的信息表达清楚,让客户迅速产生兴趣。

(8)紧迫感。类似"限量"、"只限今天"、"截至 23:00"等有时间紧迫感的词语,往往会吸引顾客产生兴趣。

(9)短信视觉。短信都是文字,如何去做视觉营销?其实即使只是文字,也需要在短信内容中穿插各种数字、符号来吸引客户的注意,同时也可以让短信看起来更有节奏感。

(10)发送通道选择。发送通道非常重要,往往直接影响短信的到达率和发送成功数。选择短信通道需要注意尽量选择 106 移动通道;不要选择发送号码为固定号码的发送渠道,因为现在很多智能手机的短信拦截软件会直接拦截这些通道的短信,导致客户根本无法收到短信;尽量不要选择过于便宜的短信通道。很多便宜的网关,会通过各种方式克扣短信数,表现为购买的数量在实际使用时条数不足,会影响整个营销计划。

　　会员营销活动效果的好坏,需要通过一定的数据分析来做判断和评估。通过分析可以找出问题和差距,有助于下次可以更好地做营销活动。评估的基本要素包括会员再次访问店铺的比例、会员再次购买的交易额、营销活动投入产出比等结果指标。结果指标是营销活动结束以后要看的总体指标。但是为了保证结果指标的完成,还需要控制过程中的一些指标,如短信发送成功率、短信退订比例、邮件发送成功率、邮件到达率、邮件打开率、邮件点击率等。

本节任务

任务背景

　　某淘宝商家做流行女装类目,偏欧美街头风格,上新品频率比较高。近期将上新产品,希望所有的会员都能到店铺来看看有没有适合他们的款式。目前他们准备给所有旺旺群、QQ 群里面的会员发消息,同时也准备发送手机短信来通知会员回头购买。针对会员购买的折扣优惠为 8.5 折。

任务要求

1. 该卖家想要导出淘宝后台三个月前的订单数据做分析,该如何操作?
2. 该卖家想做短信营销,请你帮他设计两条促销短信内容出来。

案例分享

白送也赚钱

　　琳妮特卖是做地区特色食品类目的。从日常的运营分析来看:会员的重复消费频率比较高。产品线丰富。顾客每次购买客单件较多。每个宝贝的价格相对便宜,关联销售做得较好。再进一步通过数据分析,发现店铺老顾客的休眠比例比较高,希望通过一种方式来唤醒休眠会员让其产生二次购买。休眠会员的唤醒往往需要更大的优惠力度,所以该商家决定使用完全赠送的方式并且包邮来促销。活动日期确定在七夕情人节,对休眠 1 年的老顾客进行唤醒。琳妮特卖选择一款 68 元的商品,0.1 元售卖并且包邮。活动开始前 5 天对已经锁定的会员进行短信群发,并且配备对应的客服专门负责赠送商品。通过此次活动发现 6 个月内客户回头比例达到了 92.78%,6～12 个月内客户回头比例达到了 46.88%。从效果来看,6 个月内老顾客回头购买的比例很高,说明店铺的知名度在会员中的影响力不错。此次赠品活动总投入成本为 49 362 元,应收却达到了 62 108 元,超出了商家预期。主要原因就在于会员在接受赠送的同时,还在店内产生了关联购买,每个会员回到店铺以后,又平均产生了 87.7 元的消费。

 课后思考与练习

1. 名词解释

电商客户服务　　会员关系管理

2. 简答题

如何做短信营销?请简述。

会员划分等级方法有哪些?划分后的会员分组有哪些?

任务 3　订单处理

☼ **任务目标**

一、了解订单处理的本质和分类；

二、了解订单处理的流程；

三、了解订单处理中的常见问题。

☼ **知识储备**

一、订单处理的工作范围

订单处理是电子商务的重要组成部分,是连接前端销售与终端发货的重要纽带。订单处理人员日常的工作范围包括:

订单的审核处理,包含正常订单和问题订单的处理;保证订单信息准确无误地传输给库房发货环节;

对客服提交反馈的售后问题进行及时有效的处理,包括信息更改、退款、退换货等情况,并及时给予处理结果的反馈;

对所有订单涉及的各项数据报表进行及时的汇总和整理,并及时对订单日常问题涉及的部门给予反馈和建议等。

订单的形成不仅代表整个项目营销推广、活动策划的效果,也是包括客服在内的整个团队运营成果的业绩体现,后期的发货处理等操作也要以订单为依据进行。同时,整个订单的处理过程要经过客服、订单、仓储、物流等各个环节的支持。

订单处理过程中也会有一系列问题发生,例如:

订单处理不及时而引发客户退款;

客户收货地址各不相同,快递分派复杂;

使用淘宝促销工具,如买就送、满就送等赠品活动,出现漏发情况;

同一客户未使用购物车购买多款宝贝,订单未及时合并,导致多个包裹发出等。

二、常见电子商务订单状态

订单是指在商业活动中,买家与卖家达成的关于商品(或服务)的邀约。既然是商业活动,必然涉及钱、物、信息。买家钟情于物的使用价值及建立在其上的心理满足感,卖家以获得钱为直接目的,信息则将双方及各取所需的美好意愿有机结合为一个整体。所以说,订单本质是一种双赢的约定,并被有效履行。电子商务中的相互衔接包括:营销环节—销售环节—订单处理环节—配货打包—实物发货。

常见的电子商务订单状态有8种,分别为未确认未付款、已确认已付款、已发货、退款中订单、退款成功、未处理已确认已付款、已处理已确认已付款和已处理已发货。

未确认未付款:买家拍下商品,但是没付款。这种无须人工干预。如果有需要可以预留商品、修改价格及通过旺旺、短信、电话联系顾客追单,提高付款率。

已确认已付款:买家拍下商品,且已经付款。买家完成付款操作后的订单,即确认购买。已完成确认付款的订单,即把钱付到支付宝,买家不能修改任何已确认的信息,但卖家可以更改客户收货地址、修改订单备注等。

已发货:卖家根据订单将货物交给快递发出后,订单的状态。卖家完成订单信息的确认、审核,货品已发出,并且生成快递单号,等待买家最后确认收货。

退款中订单:买家拍下商品后因为种种原因申请退款,卖家还未确认。由于买家或卖家任何一方原因造成无法正常交易的订单,退款中的订单有以下两种情况:一是卖家未发货的退款申请,此种情况无须等待买家退货,确保货品没有发出即可操作退款;二是等待确认收货的退款申请,此种情况卖家已将货品发出,需等待退货收到后才能完成退款操作。

退款成功:买家拍下商品,因为种种原因退款,卖家已退款。在买家已付款状态和卖家已发货状态,买家都可以发起退款申请的操作,经买家与卖家协商一致,由卖家进行确认退款的操作。

未处理已确认已付款:订单待审核状态。订单已生成,买家确认付款完毕,等待订单组审核处理的订单。

已处理已确认已付款:订单审核完毕打印出来的状态。订单经过订单组的审核处理,并完成了订单相关单据的打印。

已处理已发货:订单验货成功,发货成功状态。订单已进行实物打包发货的处理,并已操作平台发货。

三、订单处理的本质

订单处理,就是对订单承载的买家需求的有效处理,是从买家下单开始到收到货物为止,这一过程中涉及的所有相关单据的处理活动。与订单处理相关的费用属于订单处理费用。订单处理的本质是对钱流、物流、信息流的处理。

钱流是指随着商品(或服务)及其所有权的转移而发生的资金往来流程。买家为获得商品(或服务)及其所有权而支付钱款,卖家依据买家支付的钱款发货,让渡出产品(或服务)及其所有权。双方在协商一致的基础上,以订单作为载体进行交易,都不会且不愿让渡高于约定的价值。订单审核中的财务部分、发货后的收款、售后问题中的退款等都属于处理钱流的范畴,稍有处理不当就会使其中一方受到损失。

"物"流是指物质资料世界中同时具备物质实体特点和可以进行物理性位移的那一部分物质资料,"流"是物理性运动。订单处理系统中所谓的物流是一种广义的物流,指的是卖家让渡商品(或服务)的整个过程。起始于买家完成付款行为(货到付款除外),终止于买家收到商品(或服务)。订单审核中的商品部分、库房分拣、出库及发货、快递公司运输等都属于处理物流的范畴。

信息流指信息的传播与流动,包括 3 个过程:采集、传递和加工处理。订单处理系统中非钱流和物流的部分都属于信息流的范畴。例如,订单下载、订单及其他单据信息的传递、售后事件的查询及处理等。

订单处理包含的关键因素有以下 5 个方面。

(1) 先收到的订单先处理。先收到的订单即淘宝后台最先确认付款的订单,由于淘宝有规定发货时间的限制,同时从客户体验角度考虑,优先收到的订单必须优先处理,这样才能保证店铺的良性运营。

(2) 先处理简单订单,再处理复杂订单。简单的订单指没有任何买家留言、卖家备注,无须花费过多时间进行信息核对的订单。复杂订单指包含买家留言、卖家备注,需要花费多一些时间进行信息核对、修改等其他影响迅速处理的订单。简单的订单花费时间少,优先处理能够保证后续发货环节的畅通运转。

(3)优先处理承诺发货时间最早的订单。承诺发货时间最早的订单即指有买家留言或者卖家备注的订单中,买家明确要求发货时间的订单,这类订单要严格确保在承诺给客户的时间点之前发出,以保证客户的满意度。

(4)优先处理相同商品的订单。相同商品的订单即指购买同一款商品的订单,这类订单处理完毕之后方便库房批量打印、出库等,能大大提高发货的操作效率。

(5)优先处理相同快递的订单。相同快递的订单即指分派给同一快递公司的订单,这类订单处理完毕之后方便库房批量连单打印,同时也为发货完毕之后的单号回传提供方便。

订单处理对于时间控制的及时性也很重要,包括以下两个方面。

(1)正常订单处理的时间点控制

未付款订单的催款。淘宝规定所有未付款订单,买家如在48小时内未完成付款操作,系统将自动关闭未付款订单,所以卖家要及时做好催款工作,不仅能提升付款率,还能及时释放被占用的库存。

已付款订单的发货处理。淘宝规定所有已付款的订单,卖家必须在72小时内完成发货处理,并如实反馈发货快递单号,否则买家有权利以延迟发货为由对卖家发起投诉,淘宝将对卖家进行扣除3分的处罚。

延迟发货包括卖家在宝贝描述中没有明示发货时间,并在买家实际付款后的72小时内未能完成发货,以及在买家付款后表示不能在72小时内完成发货。

淘宝交易订单状态为“买家已付款”,此时买家申请退款操作,如果卖家一直不发货或不同意退款协议,此交易款项将在48小时后退还到买家的支付宝账户,即买家已付款48小时后,如卖家仍没有做出发货操作,买家申请退款,款项将自动退还给买家。

(2)异常订单处理的时间点控制

库存显示无货订单。正常来说,除大型活动外,一般客户均认为当天下午4点之前付款的订单均能在当天发出(各店铺均有类似公告),所以如果订单显示库存无货,必须保证在当天短信或电话告知客户换款或退款,否则很容易引发客户投诉。

地址模糊无法及时分派快递公司的订单。将快递公司支持的派送范围详细明确整理好,并做好各快递公司的分区,在订单处理过程中,可以保证90%以上的订单能正常及时处理,但个别订单由于地址模糊或快递派送范围支持信息没有涵盖等情况,导致不能进行快递公司的及时分派,这类订单需要进行人工审核,时间点同正常订单一样,需保证在当天下午4点前处理完毕。

订单信息的准确性主要关注客户留言、备注及发货地址等。

买家留言。一般指买家在下单时为补充或修改信息所做的留言,如需延期发货、修改收货人、联系电话、收货地址、更换颜色、更换尺码等,都要在订单审核过程中确认核对修改,避免造成后期售后问题,降低客户满意度。

卖家备注。一般指客服根据与买家沟通的信息所做的内部备注说明,基本内容与买家留言相似,还可能涉及同一收货地址不同订单需要合并,或者同一订单不同收货地址需要拆分的信息登记。保证其准确性的意义在于提高客户满意度,同时降低相应的运营成本。

快递分配。指根据买家收货地址进行相应快递公司的分配,客户收货地址信息各有不同,快递本身派送范围有限,需对订单进行准确的分派,不仅能减少客户收到包裹的派送时间,还能避免因快递分派不准确引发的售后问题,并且能够节省由于快递派送不到引发退货或者更换快递、补发等增加的快递费用。

四、订单处理的工作流程

订单处理的基础流程可分为两种:纯线下单和系统处理。

(一)纯线下单也称传统的订单处理

即不通过任何订单系统干预操作的方式进行订单的处理,单纯地采用 EXCEL 表格进行订单的汇总和处理,即从平台后台直接将订单批量导出的办法。适用店铺开店初期,订单量比较小且稳定的卖家。优点是无须投入资金成本。缺点是无法做到订单的实时处理,订单处理时需进行分批分次导出的操作,操作过于麻烦;针对同一买家未使用购物车购买多款商品的订单,需要进行人工筛选合并处理;进行快递分派操作时需对表格中的地址省区进行拆分,然后才能进行快递分派;

买家反馈的售后问题只能通过手工登记,并很难与原始订单号相匹配;一旦买家在平台发起退款申请,必须实时监控哪笔订单是买家已申请退款状态,必须停止发货;已发货完毕的运单号需手动进行平台发货。

(二)系统处理

即商家使用订单处理系统干预操作的方式进行订单的处理,保证订单的实时流转。系统处理的订单也分为物流宝支持和非物流宝支持两种模式实现。物流宝支持指选用第三方物流宝仓库的商家,在订单处理前端系统和后端发货系统需同时与物流宝实现系统对接,前端订单生成后会由前端订单系统推送到物流宝,处理后的订单再由物流宝推送到后端发货系统,进而实现网仓进行实物发货处理;非物流宝支持指商家自行发货,无须第三方物流宝仓库支持的商家,订单处理前端和后端发货都安装同一系统的客户端,订单生成后,会由系统实时抓取下载,前端对订单进行审核处理之后直接流转系统待发货模块,库房进行实物发货处理。

系统处理适用于订单量相对增多,需要系统支持发货的商家。优点在于系统处理订单,减少了大量人工成本的投入,节省时间,提高处理效率。系统自动合并同一买家购买多款商品的订单。自动分派快递减少售后问题的发生。直接在系统中登记售后问题,一旦买家在平台发起退款申请,可以通过系统自动创建退款单,从而有效控制货品已发出而退款同时确认的情况发生;实物发货完毕后可批量进行单号回传、平台发货等。缺点是系统处理订单受软件影响比较大,需要保证稳定的网络环境,同时也需要强大的硬件支持。

(三)岗位配置

为保证订单的高效处理,需要对岗位进行合理配置,保证每个环节的畅通。售后客服对买家反馈的售后问题在内部进行登记反馈,如订单涉及的退款、退货、换货等情况。订单组需核对付款订单是否有缺货的情况、查看买家留言和卖家备注、审核订单价格、对订单进行库房和快递公司的分派、合并订单、内部处理售后订单等。打单员将订单组已审核确认完毕的订单相关单据进行打印的操作,打印的相关单据主要是出库单和快递单。配货员对出库货品的质量和数量进行核对,做二次分拣,以保证出库的准确性。打包员将验货后的货物进行包装,快递单粘贴在包好的货物上。称重员将已包装好的包裹称重后记录质量信息，以便后期和快递公司进行快递运费的账目核对。

在日常订单处理流程中，对于未付款订单的催款一般采取短信催款和电话催款二种方式。催款频率可每天进行两次，时间上考虑买家付款的方便性，可选在每天上午 10 点和下午 4 点分别进行。

在售后订单处理流程中，订单为未发货状态的，由于买家个人原因或卖家未及时发货，买家发起退款申请的，客服人员可依据买家反馈登记退款单，订单组再根据退款单将订单进行取消处理，避免流转到仓库进行发货，同时订单组对退款单进行审核，交由财务进行退款处理，售后事件完毕。

如果买家在未发货状态下发起的是部分退款申请，如退运费差价等情况，则订单在操作发货时会自动拒绝买家的退款申请，因此需要客服在收到买家部分退款申请的信息时，建议买家在收到货之后再进行退款申请。

如果买家购买两件或两件以上的商品，其中只有一件申请退款，则需要订单组进行订单拆分，分别进行正常订单审核处理和退款单审核的操作。

由于买家个人原因需要修改订单信息，如商品信息（更换商品）、收货信息（收货人、电话、收货地址等）。客服人员要根据买家反馈的信息登记售后事件，订单组依据售后事件信息对订单进行修改，然后进行正常订单的审核处理操作。

对于订单为已发货状态，由于买家个人原因、卖家原因或第三方因素导致买家发起退款退货申请，如运费差价款、货品质量问题、快递超区、中途破损等情况导致退货生成的退款或退货，分为两种情况，一种是买家收到货，一种是买家未收到货。买家收到货后发起退货申请，客服人员根据信息登记售后，订单组创建平台退款单，同时创建退货单，买家将退货发出，由于买家问题造成的退货、运费处理、提供退货单号、库房收到退货创建退货入库单据，订单组依据库房创建的退货入库单据进行平台退款单和退货单的单据审核，财务人员完成退款确认。

买家收到货由于卖家原因（如质量问题）发起退货申请的退款事件，买家在平台发起退货申请，客服人员根据信息登记售后事件，订单组创建平台退款单、支付宝打款单，同时创建退货单，买家将退货发出，卖家问题造成的退货，运费由卖家承担，买家退货垫付，提供退货单号，库房收到退货创建退换货入库单据，订单组依据库房创建的退货入库单据进行平台退货单、支付宝打款单、退货单的单据审核,财务人员完成平台退款确认和支付宝退款的操作。

订单已发货状态下,买家在收到包裹后,由于商家或其他第三方因素造成的货品漏发,需进行补发处理。

买家收到包裹,由于卖家原因发起的换货申请,客服人员与买家沟通获取照片等证据说明信息,并依据买家反馈信息登记售后事件,买家货品发回并告知客服退货单号。因卖家原因发起的换货申请,换货产生的快递费用由卖家承担,买家退回运费垫付,可以原订单申请部分退款。订单组创建退货单、补发单、平台退款单,同时延长原始订单的收货时间,库房收到退货后创建退货入库单据,订单组对补发单据进行审核处理,库房依据补发单据进行实物补发的操作。同时反馈补发单号,客服人员将补发单号以旺旺或短信方式告知客户,订单组对退款单进行审核处理,财务人员确认退款,事件结束。

(四) 大型活动订单处理

前期最好至少保证 2~3 家快递公司,确定各快递公司支持的派送范围。例如,县级以下的城市匹配某某快递,某某省某某区匹配某某快递,保证全国所有省区都能有可以直接分派的快递,并且确保分派信息的准确度在 99% 以上,既能让审单员在审单过程中提高效率,又能避免活动之后造成大量售后问题。

明确好活动形式,如是否有"满就送、买就送、包含赠品"的促销活动,如"满就送"活动需明确订单金额满多少元符合活动要求,需赠送的赠品有哪些,数量为多少;"买就送"活动需明确购买哪款商品才能符合买就送活动要求,需赠送的赠品有哪些,数量为多少,同时还要明确活动的起止时间,再就是需要确认是否有数量限制,如 100 个赠完为止等,以保证审单员在订单审核过程中造成漏发、错发等情况,避免大量售后问题的发生。

订单审核时间:明确好订单统一审核处理的时间和频率,如在订单生成后多长时间进行审核,订单审核间隔的时间为多久。例如,在聚划算进行的单款促销活动中,买家在抢购活动商品后有可能进行补单,所以订单处理需要有一定的时间间隔,以便审单员在订单处理过程中及时进行订单合并,减少同一收货地址多个包裹发货造成的成本投入。

审单人员工作分配:做好审单人员准备,包括人员数量和工作内容的分配,人员数量估算以审单员日工作量为单位,与活动订单的估算总量配比确认最终审单岗位需求人数,关于工作分配,需明确负责正常订单审核的人员、负责异常订单审核的人员、专区负责订单审核的人员等,保证在订单处理过程中审单员各司其职,做好配合。

打单时需要明确打单过程中的筛选原则,如"购买同种商品的订单""所有分派指定快递的订单"等,方便打单员在打单过程中进行筛选,有条理地分批打印单据,同时方便库房在分拣发货环节提升操作效率。

明确每次打单的数量,如某指定快递的订单 100 个,以保证订单能随时按批次进行处理,保证后续发货环节的有效衔接和畅通,同时方便随时进行订单的数据统计。

在单据打印之前需要进行打印格式的调试和测试,确保格式正确,避免由于格式不能准确造成串行,导致发错货的情况发生。

分拣发货人员提前确认活动形式,如包含赠品或组合商品,可提前进行一部分的打包准备,以便大型活动中节省操作时间成本,迅速出库发货,提升发货效率。相应的所有硬件设备,如计算机、打印机、色带、扫描枪、纸箱胶带、填充物、快递单等都需要提前进行调试测试。大型活动之前需要对库存进行盘点核对,特别是参与活动的商品,需明确详细的库存数量,以保证活动中有足够的库存量提供支持,避免出现活动中缺货的情况。

五、订单处理中常见问题及影响

处理速度过慢。卖家在宝贝描述中没有明示发货时间,并在买家付款后未能在 72 小时内完成发货以及在买家付款后表示不能在 72 小时内完成发货。淘宝会对其进行一次性扣除 3 分的处罚。承诺闪电发货的商家会一次性被淘宝扣除 6 分。如果商家因以上违规行为,每扣 12 分即被处以店铺屏蔽、限制发布商品及公示警告 12 天的节点处罚。

如订单不能及时处理和发货,客户可以随时发起退款申请,这将增加店铺的退款率。同时买家会不断地向客服咨询订单状态、催促发货,给客服造成精神上的压力,降低工作效率。

解决方法:对流程进行优化,重复的工作内容采用信息化自动处理。

快递分派不准确。快递的分派在订单处理过程中是关键环节,一般商家从快递成本角度考虑会选用2～3家快递公司。有的商家为追求分派效率,单纯地采用分区分派,如中通快递在华北地区县级以上全境派送,这种做法在一定程度上能提高订单的处理效率,但是准确度也随之降低,快递公司全国的分点每天都有变动,随时会出现超区情况,对此包裹会出现超区退回或者更改快递公司继续派送的情况。这样就造成了客户的收货时间延长,增加了二次派送或转单的费用,降低了客户的满意度。商家为了提高快递分派的准确度,在快递分派过程中几乎是对订单逐一筛选,这在一定程度上提高了快递分派的准确度,却大大影响了订单的处理效率。

解决方法:通过系统进行平台快递信息的获取,并实现快递的自动分派。

促销活动漏洞。商家在正常运营过程中一般会选择店铺营销工具进行一些相应的促销活动,如买就送、满就送等营销工具。如商家未使用订单处理系统或者使用系统无法实现自动添加赠品的功能,就会出现漏发错发或者多发赠品的情况。增加了售后问题发生的频率,降低了客户满意度,也增加了损失。

解决方法:在系统中进行促销信息的设置,如活动时间、参与活动的商品、赠品的商品及数量等。

订单未合并。合并订单是指同一客户未使用购物车购买多个宝贝生成多个订单,但收货地址为同一地址,需要将订单进行合并发货的情况。如商家未使用订单处理系统无法实现自动合并订单则可能会出现增加订单处理时间和容易造成订单信息混乱的问题。

解决方法:在系统中进行条件设置,如以"收货地址相同"为条件,并同时设置系统自动合并订单的时间。

订单未做拆分。订单拆分有两种情况,一是同一客户使用购物车购买多个宝贝生成一个订单,但收货地址不同,需要将订单进行拆分发货;二是同一客户使用购物车购买多个宝贝生成一个订单,但其中一个或一个以上商品出现临时缺货,需要进行拆分发货。如订单人员在订单处理过程中未及时对订单进行拆分,不仅会因补发或退货增加一定的成本投入,也会严重影响客户满意度。

解决方法:将包含留言备注的订单全归类到"待审核"状态,这部分订单由人工处理。

未发货的退款申请。指在买家已付款但卖家未发货的情况下,买家发起的退款申请。未发货的退款申请如果不能及时进行拒绝或者发货操作,将会引发因退款纠纷引起的维权,还有可能出现因操作不及时造成货品发出、货款退还买家的情况。

解决方法:保证将当天下午 4 点前付款的订单当天处理完毕并操作平台发货,应用系统实现自动生成退款单并将原始订单转到问题单,再由人工进行审核处理。

本节任务

任务背景

月仙在淘宝开了个创意衬衫店,主要卖各类特色衬衫。因为最近热播的一个电视剧中的女主角特别喜欢穿这个品牌的衬衫,导致近期她的网店顾客咨询和下单量猛增了好几倍。经常不能当天下的订单和部分承诺时间发货的订单全部发出。为了提升店铺的效率,她紧急聘请了几个员工加强订单处理能力。

任务要求

1. 请你告诉她的新员工订单处理的关键因素有哪些?
2. 请你告诉她的新员工,如果订单处理不及时会给店铺造成什么样的影响?

案例分享

聚划算活动时的网店订单处理

某品牌化妆品网店参加了淘宝网聚划算活动。活动中发现了一些问题:某些客户同时拍下两件商品,只完成一件商品的付款,另外一件商品未付款;某些客户未使用购物车分别拍下两件商品,收货人和联系地址及方式相同;某些客户使用购物车在同一订单中拍下两件商品,并在买家留言中说明"两件商品分开发货",因为地址不同。

此次聚划算活动预计订单量可以达到 10 000 单,合作的快递公司有三家,订单在快递分派过程中耗费了大量的时间和人力成本。为配合此次活动,店铺内还做了买 A 送 B 的店铺促销,有两个问题需要考虑,一是免运费客户肯定会另外购买其他商品;二是店铺做了买就送的促销,买这款商品的概率比较大,有时会因为前端与后端不能有效衔接造成信息不畅,经常出现漏发或者错发的情况。审单模式过于传统,在人员分配时每个人同时负责审单和打单的操作,导致容易出错和影响效率。

大型活动中促销产品集中在一两款单品上,单品订单预计占总订单量的70%~80%,订单处理和打单过程中按顺序打印,每个环节待处理的订单都是包含单品和混合的订单,配货员在分拣过程中非常浪费时间。

针对活动中的问题,对于客户随时出现的未付款订单问题,审单员首先与客服沟通,确定没有付款的订单客户是否愿意购买,如果需要,联系客户完成付款操作之后,两个订单进行正常的合并审核处理。如果客户确认另外一件不需要,则审单员应对付款订单进行正常审核处理,同时由客服人员与客户协商关闭未付款订单。

对于同一收货地址的订单,审单员以收货地址一致为条件将订单进行筛选合并处理,归为一个包裹进行发货操作。

对于客户使用购物车并且需要分发不同地址的情况,建议审单员根据买家留言将买家使用购物车拍下的两件商品进行拆分处理,生成两个订单,对其中一个订单的收货人、联系电话地址等信息在内部进行修改,后续进行正常的审核处理。

对于快递分派的问题,审单员首先明确三家快递公司分别的派送范围支持程度,根据快递公司的不同支持情况分别做出快递分区划分,以保证地区合理匹配。同时采用订单处理软件获取淘宝物流信息,优先处理首选快递,提高订单效率。

对于促销活动形式可能导致漏发、错发的问题,提出的具体方案是:首先明确审单员对订单处理的时间间隔和频率,同时确认活动形式,并根据已确定信息在订单处理软件中进行相应的设置,如以"相同收货地址"为条件的订单自动合并,促销模块的设置,实现赠品的自动添加等。

针对流程进行优化,审单人员只负责审单,打单人员可以控制多台打印机进行打单作业,提升工作效率。

针对突发性的大型活动引发订单量激增的问题,建议在订单处理环节,首先与审单员明确订单处理原则,先处理简单的订单,同时最好是购买单品的订单,优先审核处理。其次在打单环节,打单员按照单品订单优先打印,并且按不同的快递公司分开操作,到配货环节,配货员即可进行批量配货出库的操作,从而大大节约了时间成本。最后针对单品促销活动,库房也可以在活动前1～2天根据销售预测提前进行打包准备。

　　经过系统设计以及流程优化,日发货量从之前的每天最多四千单达到了每天万单的处理效率。并且快递分派的准确度可以达到99%以上。活动后期的售后问题仅为0.1%,店铺动态评分也得到了综合性的提升。

 课后思考与练习

　　1. 名词解释

　　订单处理

　　2. 简答题

　　订单处理的本质是什么? 请简述。

　　异常订单处理的时间点如何控制?

任务 4　B2C 的数据化营销

☼ 任务目标

一、流量来源分析详解；

二、成交转化率的优化思路；

三、了解影响客单价的因素。

☼ 知识储备

一、流量来源分析

淘宝网店的经营是由多项具体工作组合而成，包括采购、运营、推广、设计、客服、仓储物流等。将网店的各项具体工作通过数据分析和数据支持，可以为网店的发展提供有力的支撑。

数据分析的常规内容包括数据采集、数据统计、数据分类、数据分析、协助决策和决策执行监控。数据分析工作的开展必须具有保持周期性和长期性，不能时断时续，否则数据分析的结果会不准确。常见的网店数据分析周期一般分为：天、周、月、季度和年周期。

淘宝网的数据平台为卖家整合了内容和数量都相当丰富的数据采集和统计工具，包括官方工具和引入的第三方提供的工具。方便卖家可以根据自己的需要去获取相关数据统计结果。

淘宝网店的数据分为两大类：行业数据和店铺数据。

（一）行业数据

对于行业数据的采集和统计，常用的为淘宝官方工具数据魔方，参见图 2-17。在行业数据中应该重点观察买方市场数据和卖方市场数据。买方市场数据主要研究市场规模、买家的行为习惯以及根据商品特点画出自己的买家肖像。对于卖方市场数据研究主要为竞争商品数据和竞争店铺的数据。

　　行业数据分析的结果对于各个部门目标制定都能起到支撑作用。例如运营目标的制定,假设某卖家经营商品是价位区间在 1 000 元以上的 T 恤,团队希望今年的年销售能达到 3 000 万元,通过行业数据分析发现,目前在网上买这个价位区间的 T 恤,平均每个月只有 2 000 人,竞争对手却有 800 多家店铺,而且还有 100 多家是天猫或者皇冠级别,那这个目标就不靠谱,需要调整了。所以在做店铺经营目标决策的时候,可以根据市场规模,以及竞争对手,竞争商品的多少,结合数据分析和自身店铺的实际情况来制定一个合理的决策。

图 2-17　数据魔方后台行业分析

(二) 店铺数据

　　在店铺运营过程中,分析店铺数据可以帮助各个环节进行效果评估、提升和风险监控。常用的为淘宝官方工具生意参谋。生意参谋可以对店铺的访客流量及特征、商品销售数量、分类、关联购买等进行数据分析,参见图 2-18。

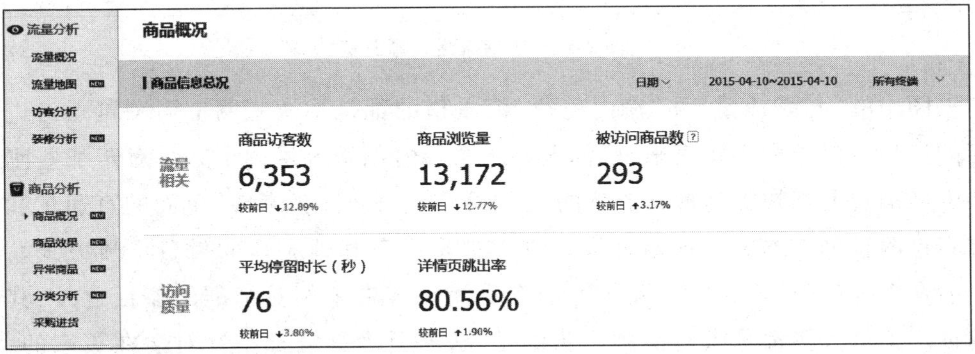

图 2-18　生意参谋后台经营分析

B2C 的销售公式为：销售额＝流量×转化率×客单价

流量是电子商务企业开始就必须面对的第一个问题。如何让网店获取更多流量？首先要了解店铺流量的来源，可以通过买家的自身特征和行为去区分来源。最常见的就是在淘宝网首页、一淘以及其他可以链接淘宝宝贝页面的搜索引擎中，输入宝贝名称寻找宝贝的行为。买家主动搜索行为产生的访问流量是淘宝最优质的流量，它们是由用户自身的需求产生的。因此产生购买的行为且服务满意后，店铺还会有较好的回头率。通过淘宝内外社区软文的引导产生购买的行为，这样的买家容易受到情绪波动和专业咨询知识的影响。通过淘宝上各类促销活动引来的流量，此类往往是对价格敏感的人群。通过手机端进行访问购买的人群目前也越来越多。

淘宝店铺的流量主要有两种：淘内流量和淘外流量，参见图 2-19。

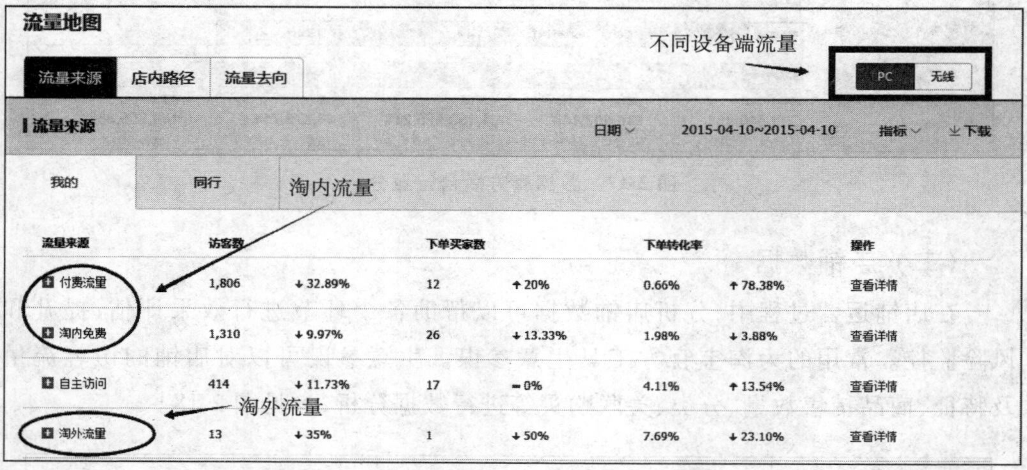

图 2-19　店铺流量来源总览

图中的"付费流量"和"淘内免费"流量指的都是从淘宝网上面浏览点击进网店的流量。对于中小卖家来讲，首先要注意淘内免费流量的引入。对于那些刚起步的店铺想要加快提高搜索流量的，可以关注一下"付费流量"里面的直通车和淘宝客这两种推广方式。这两种推广方式都是属于基础流量的付费引流方式。在目前众多推广引流工具里，除了直通车和淘宝客带来相对精准的流量之外，其他的推广工具大多都是带有品牌广告的性质，并且大部分都是针对潜在买家的，相对来说带来的流量不是非常精准。因此卖家在打好根基,做好免费搜索流量以后,再去发展扩大其他流量才称得上合理。所以现在很多卖家会有疑虑:店铺花了很多推广成本,可是没有带来相应的成交量,让店铺的支出比赢利还多。这就需要分析店铺的免费搜索流量,也就是店铺的根基是否打牢。

　　淘宝店铺的免费搜索流量来源本质是来自于店铺和商品的自然排序,直接决定店铺搜索可以引来多少流量,参见图 2-20。淘宝试用、店铺动态、淘宝会员、天天特价、淘宝帮派、淘宝清仓等全部都可以带来免费流量。作为缺少流量的中小卖家都可以去关注这些。

淘内免费	1,310	↓ 9.97%	26	↓ 13.33%	1.98%	↓ 3.88%
天猫搜索	811	↓ 7%	10	↓ 50%	1.23%	↓ 46.29%
淘宝搜索	426	↓ 11.62%	13	↑ 44.44%	3.05%	↑ 63.10%
淘宝站内其他	29	↓ 35.56%	0	↓ 100%	0%	↓ 100%
淘宝其他店铺	19	↓ 9.52%	1	-	5.26%	-
淘宝足迹	11	↓ 8.33%	1	= 0%	9.09%	↑ 9.12%
淘宝首页	9	↓ 18.18%	1	-	11.11%	-
阿里旺旺	6	↓ 33.33%	1	= 0%	16.67%	↑ 50.05%
爱淘宝	4	↑ 100%	0	-	0%	-
台湾淘宝网	3	↓ 40%	0	↓ 100%	0%	↓ 100%
淘宝类目	2	↓ 50%	0	-	0%	-
淘宝信用评价	2	↑ 100%	0	-	0%	-
天猫频道	1	= 0%	0	-	0%	-

图 2-20　免费流量详情

　　店铺排序是店铺在整个类目里面占据的位置,排名越靠前,得到的免费流量越多。如何使店铺排名靠前可以归结为两点,即产品品质和服务质量。与同行业相比较,这两点的动态评分越高,排名就越会靠前,得到的流量就越多。

宝贝排序是店铺内每个宝贝在淘宝商品类目里和相应关键字搜索后的排名。有多少宝贝就有多少流量入口;每个宝贝覆盖多少关键字就会有多少流量入口。因此很多有经验的卖家,都会非常关注店铺热卖宝贝在其类目和搜索关键字的排名位置。虽然店铺可以去做直通车、钻展的推广,但是作为中小卖家在实力不是很雄厚的情况下,如何能够获取更多的免费流量是一个关键问题。对于店铺内宝贝很少的卖家,建议可以将宝贝打造成爆款,用爆款来引入流量,再分流到全店。因此卖家对于自己一共要上架多少个宝贝,有没有定时上新,上新后的排名等都要特别关注,这样才能保证流量的稳定和环比上升。对于小卖家来说,一些大类目的关键词,比如夏季的"连衣裙",冬季的"羽绒服"这样的热门词,没有实力的小卖家可以找一些长尾精准关键词作为宝贝的主标题。

如图 2-21 中显示的流量入口都是付费的,它们在店铺流量占比越大就意味着商家的成本越高,因此在使用这些流量前一定要明确引入流量的目的。做好推广策略,访客价值的估算。通过付费推广引进的新流量,最好可以分析二次购买率,使新客户变成老客户。

流量来源						日期 ∨	2015-04
我的		同行					
流量来源	访客数		下单买家数		下单转化率		
▬ 付费流量	1,806	↓32.89%	12	↑20%	0.66%		
直通车	1,732	↓34.27%	5	↓28.57%	0.29%		
淘宝客	74	↑32.14%	7	↑133.33%	9.46%		
钻石展位	0	-	0	-	0%		
聚划算	0	-	0	-	0%		

图 2-21 付费流量详情

如图 2-22 所示是来自于自主访问页面的流量详情图，图中有很多分项，如宝贝收藏、店铺收藏等。这些都归类于自主访问里面。老顾客的转化率数据可以清楚地反映出店铺在一段时间内的变化老客户是否喜好，客户群是否变动等情况。

▣ 自主访问	414	↓ 11.73%	17	― 0%	4.11%
直接访问	140	↓ 11.39%	5	― 0%	3.57%
购物车	129	↓ 20.86%	7	↓ 22.22%	5.43%
宝贝收藏	96	↑ 7.87%	1	― 0%	1.04%
已买到商品	35	― 0%	9	↑ 50%	25.71%
店铺收藏	31	↓ 22.50%	0	―	0%
我的淘宝首页	0	-	0	-	0%

图 2-22　老客户流量详情

卖家可以根据这些入口和数据再结合自己店铺的成长情况来引入流量。在店铺的初级阶段，直通车和淘宝客这两个精准引流工具可以好好使用。直通车搜索展位可以让店铺的宝贝搜索排名提前，其展示不付费，点击付费。淘宝客是成交了才付佣金的推广工具。相对其他推广引流工具，带来的流量更加精准。

随着店铺的成长，卖家还可以选择钻石展位等工具来配合大型活动进行大流量的引入，适当时候还可以进行站外引流，让自己的店铺展示在整个互联网上。

有些卖家将付费流量控制在 50% 以下，这样做究竟对店铺是否有益还要看店铺的级别。如果是新开的店铺，那么付费流量可以控制在 50%，而且还可以继续引入较多的付费流量。如果是根据类目和店铺所处的阶段来看，店铺的流量多少算是健康呢？如果店铺已经稳定每天发货量有 500 单以上，且为盈利状态。或者说运营团队人员已经熟悉淘宝操作了，那么免费流量、付费流量、老客户流量可以均衡引入。目前很多线下知名企业进驻到淘宝网后，淘宝店铺的推广流量可能会占到总流量的 70% 以上，这是因为除了销量以外还要考虑市场占有率，品牌影响力等其他因素。

　　如果想让流量更加精准,可以按时间来分析店铺的流量。如图 2-23 和图 2-24
所示是按天分析流量和按小时分析流量。正常店铺按天分析流量的情况是,店铺
整体流量应该呈现平稳增长的趋势,可以称为环比增加。

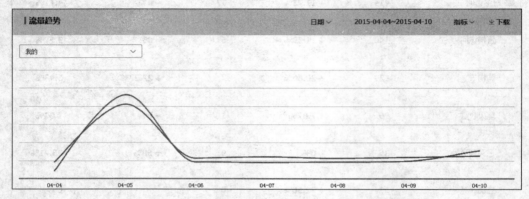

图 2-23　按天分析流量优化

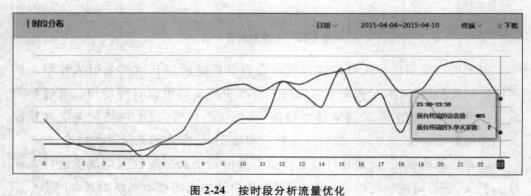

图 2-24　按时段分析流量优化

　　某些店铺在活动的时候,按天分析流量时会看到曲线的峰值也就是流量的高
峰点,几乎都是店铺做活动的时间点。但活动之后流量并没有增加,这就表示流
量不太健康。

　　有些店铺的流量每到周五和周末就会下滑,然后到周一又上升。其实店铺可
以搞一些活动改变这种情况。例如,在周末举行周末特价促销。

　　对于店铺流量不稳定的店铺,要分析原因。首先分析店铺的基础流量,是不
是自然引流情况还没有优化好,就去单纯做活动了。宝贝上下架的时间有没有合

理设置等。另外还要看直通车和淘宝客的工具是否使用得当,有没有让店铺的基础流量平稳上升。如果店铺只是主要依靠活动转,可能团队会在上活动时非常忙,平常没有活动时又会很闲,这样一来会增加店铺的开支。

按照小时的高峰时间段,我们可以合理安排直通车和钻石展位的高峰时间段推广。不仅如此,通过小时流量分析,还可以科学安排客服人员的排班,精准安排宝贝的上下架时间。通常流量高峰也是成交的高峰,此时集中推广,可以达到精准化流量的目的。

做好流量的实时分析工作,可以让我们的流量变得更加精准。如图 2-25 所示,可以了解不同编号、不同地区的客户查看了哪些页面,把客户的具体访问宝贝页面情况与客户咨询相结合,可以增加定向推广的成功率。

序号	访问时间	入店来源	被访页面	访客位置	访客编号 [?]
1	22:23:34	淘宝搜索 高档大牌真丝…	欧美大牌高档真丝圆领印花奢华中长款	安徽省阜阳市	访客3009
2	22:23:33	天猫搜索 真丝连衣裙	清新圆领荷叶袖拼接纯色连衣裙女夏	四川省绵阳市	访客2986
3	22:23:33	淘宝搜索 高档大牌真丝…	大牌高档真丝圆领印花奢华中长款	安徽省阜阳市	访客3009
4	22:22:42	直接访问	款根纱蕾丝A字裙中长款复古	浙江省杭州市	访客3006
5	22:22:42	爱淘宝	浪印花中长款上衣娃娃领	广东省广州市	访客3007

最近 1000条 访问记录　点击刷新　　　　　　　　　　　　　更新时间: 2015-04-11 22:24:2

图 2-25　实时访客

通过分析各区域商品销售情况,可以计划不同的推广策略。比如说流量大的地域可用直通车集中进行推广。对于流量少的地区,要去分析为什么少,是地域原本就人烟稀少,还是快递送不到等,但如果是店铺内部有问题就要去做调整。

二、成交转化率的优化思路

成交转化率是网店的重要指标,这个指标关系到店铺的成交人数。(成交转化率还与店铺的定位、宝贝的定价有着直接的关系),具体公式如下:

$$全店销售额 = 成交人数 × 客单价$$

$$成交人数 = 访客数 × 全店成交转化率$$

如何提高店铺的访客数,重要的一点是吸引更多的新客户。不论是投放直通车广告还是做好钻石展位,都是为了吸引更多的新客户及回头客,提高回头客再次购买率。

如图 2-26 所示是成交转化率模型,店铺的访客数经过层层筛选过滤,最后转变为成交人数。模型最底层是访客数,衡量访客是否流失的一个很重要的指标就是访客跳失人数,跳失人数指访问店铺一个页面就离开的访客数。

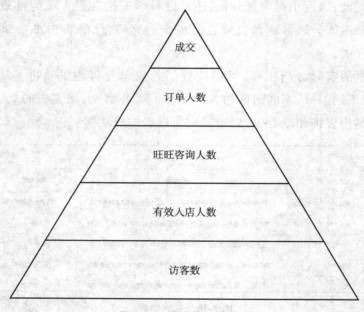

图 2-26　成交转化率模型

$$跳失率 = 跳失人数 / 访客数$$

对一个店铺来说,要尽可能地降低网店的跳失率。

影响店铺转化率的因素主要有五个方面:店铺页面因素、问题宝贝因素、自然流量因素、付费流量因素、分类页设计因素。

网店的页面基本由五类页面组成,分别是:店铺首页、商品详情页、商品分类页、店铺自定义页和搜索结果页,参见图 2-27。

店铺首页是网店的门面,是店内流量分配的中转站和分配中心。很多网店都用首页来承载店铺的推广活动。但首页的流量占全店流量的比例一般不是太高,大多数买家都是直接通过宝贝页来完成购买行为。商品详情页一般在网店流量中的占比为 90% 左右。商品分类页是网店的宝贝列表页,分类页承载了全店类目导航的作用,分类页的流量一般占全店访问人数的 3% 左右。店铺自定义页是店

图 2-27 店铺流量分布图

铺能够自定义的一类页面,占比一般很少。搜索结果页是指买家在店铺的关键词搜索框中输入某个关键词,搜索店内宝贝而生成的宝贝列表页。搜索结果页的目的是方便买家在店铺中通过关键词查找到自己想要的宝贝,如果占比太高,可能是由于店铺结构不太合理,买家找不到想要的宝贝造成的。

影响页面转化率的重点因素就是装修。店铺首页装修前首先要列出宝贝策划设计页面需求预期的列表,把这个预期列表跟装修后的装修分析页面里面的点击分析图进行对比,分析是否符合前期的预期列表,如果不符合就需要优化。这是一个反复优化流程。

打开生意参谋工具中的"装修分析"页面,这里有点击分布查看功能,可以查看不同页面的热点及点击量,可以对比一下预期的点击量和真实点击量。

如图 2-28 所示,不同的点击量会在图中显示出不同的颜色。从图中就可以分析出点击率高的商品和分类。如果我们想要销售的商品点击量不大,就要分析是什么原因进行优化。如果卖家前期策划选择几款商品,想确定哪款是主推宝贝,通过装修分析里面的流量点击热点就可以一目了然地判断哪个宝贝更吸引顾客,还可以通过装修,分析热力图对宝贝页商品的不同尺码、规格来判断客户群体更倾向于哪些尺码。

图 2-28　生意参谋装修分析热点图

客户流失分析涉及因素很多。从数据方面可以关注顾客访问了哪些商品和最终购买了哪些商品。客户流失分析的方法就是可以把自己店铺中的商品和竞争中对手的商品进行对比,去找出存在哪些差异,然后逐步改进。如图 2-29 所示,在生意参谋行业排行里面可以从 PC 端、无线端、店铺、宝贝、搜索词方面分析行业 TOP100 的对手情况。

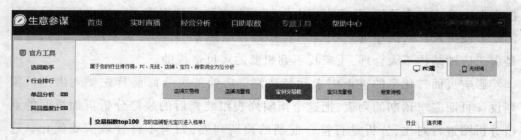

图 2-29　生意参谋行业排行

一般卖家可以分析自己店铺前 15 个宝贝页面,能够把访问量和销售量前 15 名商品转化率提升起来,就可以带动店铺的绝大部分销售。如图 2-30 所示,可以从生意参谋商品排行概览里面点击进去分析自己店铺里面宝贝的各项数据,然后去和行业商品对比。

把行业商品数据和店铺商品行业数据对比后,可以找到自己店铺中的同类问题商品,然后可以通过生意参谋商品温度计功能,针对页面进行优化,参见图 2-31。

图 2-30　生意参谋商品排行概览

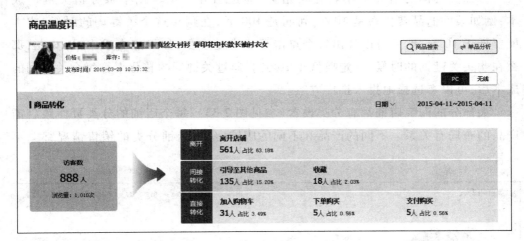

图 2-31　生意参谋商品温度计

搜索关键词的优化也是转化率提升的一个重要方向。自然流量关键词的优化可以通过生意参谋软件的选词助手功能来处理,参见图 2-32。首先从工具中把淘宝搜索到我们店铺的关键词找出来。

搜索词	带来的访客数 ⇅	跳失率 ⇅	引导下单转化率 ⇅	全网搜索热度 ⇅	全网点击率 ⇅	操作
女衬衫	116	69.83%	0%	312,232	163.12%	☆收藏 详情分析
阔腿裤	63	80.95%	3.17%	20,644	185.16%	☆收藏 详情分析

图 2-32　生意参谋选词助手

按照访客数从高到低排序,然后再参考跳失率和引导下单转化率,如果跳失率较低,就可以使用和推广此关键词,如果转化率较高且已经推广此关键词,就增加推广的经费。

分析付费流量关键词与分析自然流量关键词思路基本类似,主要区别在于付费流量可用推广成本计划来协助,这里主要针对直通车的关键词流量进行分析。

参照关键词的引导下单转化率指标,通过引导下单转化率来分析关键词成本,例如某件商品转化率是 10%,利润是 100 元,在购买这个关键词的时候,成本就要低于 10 元,然后可以算出每个点击量成本是多少,如果点击成本是 10 元,那么在购买关键词的时候,一定要低于 10 元。通过关键词的转化率算每个关键词的成本后,可以有选择地投入推广方案。

大部分的淘宝店铺都有分类设置(参见图 2-33),每个店铺的分类页面跟店铺产品的布局有关系。不同的产品和不同的店铺定位,店铺分类的销售情况都会不一样。

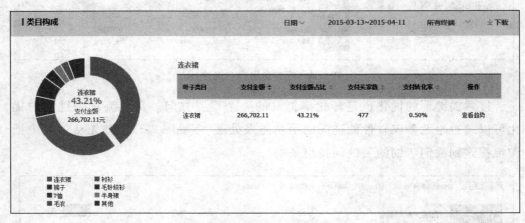

图 2-33 生意参谋交易构成

分析分类页面,可以根据不同时段的分类支付金额及支付金额占比来分析优化支付转化率。商品的定位、折扣、宝贝图片和详情页,或者整个店铺的排版的优化都可以提升转化率。

三、影响客单价的因素

电子商务流量、转化率的每一个细节都和客单价有着紧密的联系。客单价不仅是一个买家买了多少钱的东西,还涉及了品牌定位、店铺定位、宝贝定位以及宝贝定价等一系列的问题,同时包含买家购买频次要素。

(一)客单价

所谓客单价,是指每一个买家在一段时间内在店铺里购买金额的均值。

客单价有明显的时间段概念,根据截取的时间不同,客单价的定义也不同。有日均客单价,也有月均价等。客单价实际上由两个因素决定:第一个因素是消费者每次的购买金额,通常我们会把一个消费者在一天之内在同一个店铺内的购买金额按日合并,算做一次消费,这就是日均客单价;第二个因素就是购买频次,即消费者在这段时间内购买了几次。

电子商务的运营管理中,买家的购买频次和每次购买金额是不同的两件事情。前者主要取决于回头客营销策略,后者主要取决于每次购买时候的引导推荐、包括关联销售和宝贝定价等因素。

影响日均客单价的三个因素为关联销售、宝贝定价、订单中同一宝贝的重复购买率。

电商行业的关联营销就是指通过某种形式的暗示和推荐,让买家对多个产品产生兴趣,并最终导致购买的行为。这种购买行为可以在一次购物中发生,也可以在多次购物中发生。

买家在一次购物中,同时购买两种或两种以上的宝贝,会产生宝贝的空间关联性;买家多次购买两种或两种以上的宝贝,会产生宝贝的时间关联性,或者说顺序关联性。因此,关联营销的目标,并不一定就是直接促成买家同时去购买两种或是两种以上的宝贝,而是引发其后续的关联购买。

(二)营销类型

关联营销要通过各种形式的暗示和推荐,让买家对多个宝贝产生兴趣,主要有以下三种比较符合国内电商行业的形式。

(1)基于宝贝功能和应用场景的关联营销

关联营销的宝贝之间有一定直接关系,比如功能、风格等属性是互补的,如茶具和茶叶,奶粉和奶瓶等。它主要是满足人群同时或者先后产生的一种需求。这种需求,可以是基于同一类买家的属性的需求,比如婴儿会需要奶粉和奶瓶,也可以是基于不同的应用场景的需求,比如男士常需要衬衫和西服。这类营销是以促进买家同时或者先后购买两种或两种以上宝贝为目标导向。

（2）基于宝贝相似的关联营销

将功能相似的宝贝放在一起,也是一种关联营销。把相似的东西集合在一起推荐给买家,让买家清晰了解多个相似宝贝之间的区别,从而做出购买决定,降低买家在当前宝贝页面的跳失率,并可能引导买家同时购买多个宝贝。

（3）基于买家从众心理、羊群效应的关联营销

互联网上买家的行为和线下零售的消费者类似,会有很强的羊群效应和从众心理,参见图 2-34。

图 2-34 基于羊群效应、从众心理的关联营销

通过灵活组合使用这三种关联营销形式,结合数据的使用,可以提高店铺的日均客单价、买家回头率和宝贝转化率。

（三）营销环节

关联营销可能发生在电商交易过程的每一个环节。因此,我们可以顺着买家的购物流程来理解这个过程。第一个环节点:买家进店之前的暗示。各种进店流量来源都有可能发生暗示和推荐行为。以女装为例,社区红人的搭配推荐旺旺可以带来很好的关联销售,如"蘑菇街""美丽说"这类社区站点,参见图 2-35。

第二个环节点:买家进入到网站/店铺页面。以女装为案例,买家通过各种渠道进入页面后,看到一个非常漂亮的模特,穿着非常时尚的服装,同时标题标了一个很震撼的数据"本月销售 2 000 套"——冲动性的消费就这么产生了。店铺首页的搭配推荐也很重要。把关联性较好的宝贝放在首页,日均客单价和转化率都会提高。首页推荐的产品在于精而不在于多,建议推荐当前主打产品。

图 2-35 "蘑菇街"的搭配频道

第三个环节点:在宝贝详情页的关联推荐。常见的两种做法是,在宝贝大图下,放置关联推荐,然后再放置宝贝描述,在宝贝描述下,放置相似宝贝的推荐,最后可能还会放置认可度最高的推荐。另一种是在宝贝的大图下,只有一个搭配套餐,下面直接放上宝贝描述,然后把所有的关联推荐、相似推荐和人群认可度最高的推荐放在宝贝描述的下方。

这两种做法,对于不同类目下的店铺,都有各自的适用范围。但需遵守推荐多了等于没有推荐;推荐的有效性要用数字化的方式来评估;客服进行主动推荐;定期进行二次营销推荐这几条原则。

(四)不同类目商品的关联营销

根据关联营销的不同特点,生活服务类、运动户外、母婴用品、小五金家电、电脑配件等快速消费品和低价功能性耐用品,这些类目有非常强的功能互补性,产品具有非常强的人群偏好特性,并且这个偏好特性是比较容易区分且变化较慢的;很多产品都是消耗品,要重点抓交易环节中宝贝详情页的关联推荐,并通过客服辅助推荐的方式。在买家完成购买后,还可以通过电子邮件等方式,推荐功能互补的产品吸引买家二次或多次购买。

服装服饰、箱包饰品、家居小件等情景类和时尚类消费品。这些具有非常强的时尚类特性,用户偏好和风格特性不易区分并且容易变化。需要增加进入店铺之前的外围环节的暗示,例如从微博、社区对买家形成足够的暗示。

家具、大型建材、大家电、笔记本、电脑整机等大件或者高价功能耐用品,产品具有一定互补性,但是价格较贵且用户特殊需求较多的,一般要通过客服询问才会下单。因此,这个梯度的类目往往是在宝贝详情页面做基本推荐,然后采用客服重点推荐的模式制造关联营销。而进入店铺环节之前的暗示,尤其是社区论坛的软文也会起到很大的影响。

（五）定价的影响

宝贝的定价和店铺中宝贝的平均价格,对店铺定位及销售也起到相当大的作用。

宝贝定价有两个含义:绝对定价和相对定价。绝对定价决定宝贝在市场上的合理价格区间;相对定价决定宝贝在市场上的实际价格点。绝对定价和宝贝本身的属性、定位有关。比如某个品牌,真丝类的服装再怎么定价,合理的价格区间也不太可能低于纯棉的衣服。相对定价是竞争策略的定价。对于目前的电子商务,除去体验性的消费和独家代理宝贝或自己设计的限量商品,都很难找到独一无二的。因此相对定价是一个竞争性策略,根据所处行业的位置和对手的情况,对宝贝的价格进行调整。

目前电子商务销售的产品主要分为厂家自行生产、自有品牌产品;代理分销的产品;进货自行售卖没有品牌管控的产品。对于厂家自己生产自有品牌产品,首先要思考清楚的是绝对定价,定价的基础依据是品牌和人群定位,宝贝的成本、买家人群价格区间及预期利润率。宝贝的成本由多个环节组成:生产成本、推广成本、销售成本、税务成本、行政成本、售后成本、物流成本等。人群定位可以通过数据魔方工具分析。预期利润率要预估宝贝在达到一定销量情况下。单一宝贝的成本往往和销售量成反比。因此同样价格的产品销售量越大,利润率越高,留出的降价空间越大。

在上面几个因素中,预期利润率和成本决定了产品绝对定价的中心价位。而买家群体可以接受的价格区间,确定了其定价的上下限。

对于自行生产、自主品牌的宝贝，可以思考使用相对定价。相对定价是一个竞争策略，需要考虑竞争对手的价格、宝贝的人群价格，以及目标人群的覆盖率。

竞争对手的价格不能只看产品的价格，还要看其产品质量、服务质量、羊群效应和促销手段。产品质量和服务质量很好理解，而羊群效应则会在两个同样层级、同样信誉，但是宝贝销量不同的情况下，制造羊群效应。促销手段其实就是同一种促销成本的不同展现，例如满多少包邮和满多少减多少等。

宝贝的人群价格，是指同一宝贝不同定价时买家的购买比例。

目标人群覆盖率由系统自带软件可以给出参考值。

对代理分销无价格权的宝贝，卖家只存在相对定价问题。可以通过围绕宝贝赠送附加服务和不受价格管控监控的促销手段（比如赠品）等，制造定价上的差异化。

对进货自行售卖，没有品牌管控的宝贝，需要把绝对定价中的生产成本替换成宝贝进价核算。

宝贝定价在网店不同阶段，目标也不一样。当店铺规模较小时，要考虑的是保本生存问题，总体上要盈利。而当店铺做到一定销售量的时候，定价主要是为了扩大和保持宏观人群覆盖率。当店铺在类目市场已经有话语权后，要考虑利润的最大化，此时往往是通过引进新款，创造更高的利润率来实现。

四、购买频次分析

前面我们讲述了日均客单价的概念以及影响日均客单价的几个因素，接下来分析购买频次这个要素。

购买频次是指一个买家在一段时间内在店铺购买了多少次。此数据反映的是店铺的客户黏性，店铺的客户黏性由店铺各方面的综合因素决定，是买家对店铺的认可程度。客户黏性，有可能是宝贝的性价比，也可能是宝贝的个性，还有可能是服务的好坏等。

（一）提升客户满意度

客户满意度是提升客户黏性的重要点。包括宝贝的客户评价，客服环节的客户反馈，买家在各个社区的反馈、售后电话、快递反馈等。

（1）宝贝的客户评价非常直接地反映了客户的满意度。在淘宝平台上，常见的客户评价有集市店铺的好评、中评、差评,以及商城/集市店铺的 DSR 评分。而在其他购物网站上,通常也有类似的评价体系。需要注意的是,评价是一个相对指标,而不是绝对指标。比如 DSR 评分,没有也不可能有得满分的店铺,因此 DSR 评分的相对值比绝对值更有意义,更容易说明客户满意度的高低。

(2) 客服环节的客户反馈通常会跟客服的几个数据指标密切相关,比如平均响应速度、平均回复字长;其目前的趋势是在客服端独立集成客户评分体系。

(3) 通过收集买家在各种社区中的反馈,可以监控买家的满意度。客户评价一般很难全面监控,往往是重点关注店铺的博客、微博、论坛等。

(4) 售后电话也是非常重要的环节。虽然卖家一般都愿意通过旺旺与卖家交流,但是有售后电话能打通,而且售后人员服务态度好,可以打消买家因为各种原因造成的不满。

(5) 在包裹中放上客户满意度调查表或者客户反馈表也是一件非常重要的事情。跟售后电话一样,它不仅仅是摆设,虽然很少有买家会寄回来,但是它可以显示出卖家的责任心和态度。

(6) 营销活动中的客户满意度控制是一件非常复杂的事情。通常我们都知道,如果一个宝贝之前有很多买家都喜欢而且已经购买,但是突然来一个聚划算等低价优惠活动,很容易伤及回头客。我们就需要用阶梯差价(在敲定的时间段,价格根据销售额进行递增或递减)来填补这种满意度空缺。

(二) 提升重复购买频率

解决了各个环节的客户满意度之后,就要利用合理的营销手段,提高买家重复购买的频率。让客户重复购买,是建立在客户细分基础之上的。只有对买家进行一定程度的细分,才可能针对不同特征群体的买家,建立不同的沟通方式,并最后把这种特征群体应用到寻找潜在客户上。

浏览未购买的转化提升:分为两个部分,一个是利用定向营销的手段,对于不同的客户推荐不同的内容,最高程度地提高转化率;另一个是对于符合某种浏览行为但未发生购买的客户,利用某种手段(比如邮件)等形式进行提醒。

询问未购买转化率的提升:主要是要提高客服的转化。

下单未支付转化率的提升:就是下单到成交转化率提升。

新客户的培养:新客户的培养就是提升第一次购买产品的客户,在行业购买周期内的重复购买比例,其对应新客户重复购买率指标。

活跃客户的购买:活跃客户的购买,是指提升活跃购买的客户,在行业购买周期内的重复购买比例,其对应回头客重复购买指标。

客户流失率有多种定义,一般在零售学上,采用"一年及一年以上还没有回来购买的客户占比"定义客户流失率。

在明确了重复购买中我们需要处理的事情之后,下一步是了解客户分析可以有哪些方向,并对客户数据进行分析。

根据客户在整个电子商务环节中行为的不同,以及在数据库营销中用途的不同,我们可以把客户分析分为以下两个方面。

（1）集群分析,包括客户的社区行为、客户的浏览行为、客户的询问行业、客户的购买行业、客户的售后评论和投诉行为、客户固定有的属性。

（2）响应分析,用于评估客户对于营销措施的响应行为并修正。

在营销手段中,常见方法如表2-3。

表2-3　店铺活动与淘宝活动的营销手段及其作用

分　类	名　称	作　用
店铺活动	满就送	提高客户购买金额
	搭配套餐	提高客户购买金额
	店铺优惠券	1对1优惠
	秒杀和限时折扣	引流并制造阶梯式差价销售
	定向营销/折扣	1对1优惠
淘宝活动	聚划算	拉流失客户、打新品、引流
	免费试用	吸引客户关注
	淘金币等社区活动	吸引预流失客户、引流
	类目和淘宝大型促销活动	挽回流失客户

在营销手段中,还有一个非常重要的方法就是对照评估,对比两种不同的营销方法的效果,从而得出有效性结论。此方法主要是用在对营销效果的评估上。

在做好前面论述事情的同时,往往还需要注意产品线的划分。通过产品线的划分定位好不同的人群,可以在重复购买以及店铺引流速度的增长上,起到事半功倍的效果。把自己的宝贝按照自己定位的类目和人群属性,拆分为引流产品线、利润产品线、潜力产品线以及边缘产品线。引流产品针对淘宝的价格敏感客户群体,利润产品线服务高价值的回头客,潜力产品线培育未来的引流和利润产品线,边缘产品线主要由销量差、关联关系差、回头客黏性差、访问流量差的宝贝组成。

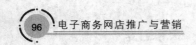 **本节任务**

任务背景

秋煌开了一家卖女包的淘宝网店。最近他通过数据魔方工具发现,店铺的主推宝贝昨天访问人数有 3 879 人,当天购买的访客 76 人,在其他店购买此类宝贝的访客有 136 人,看了此宝贝未购买的访客有 1 469 人。

任务要求

1. 请你告诉他,他的店铺从数据上面来看存在些什么问题?
2. 怎么样提升店铺的成交转化率?

 **案例分享**

啤酒和尿布

在一家超市里面,有一个有趣的现象:尿布和啤酒赫然摆在一起出售。但是这个奇怪的举措却使尿布和啤酒的销量双双增加了。这不是一个笑话,而是发生在美国沃尔玛超市连锁店的真实案例,并一直为商家所津津乐道。原来,美国的妇女经常会嘱咐他们的丈夫下班以后要为孩子买尿布,而丈夫在买完尿布之后又要顺手买回自己爱喝的啤酒,因此啤酒和尿布才会产生关联营销。

 课后思考与练习

1. 名词解释

宝贝排序　　跳失率　　客单价　　关联营销

2. 简答题

B2C 的销售公式是什么?

宝贝定价里面的绝对定价和相对定价是什么?

项目三
社会化媒体网络营销

　　社会化媒体网络营销是指利用社会化网络、在线社区、博客、百科或者其他互联网平台和媒体来传播和发布资讯,从而形成的营销、销售、公共关系处理和客户关系服务维护及开拓的一种方式。一般社会化媒体营销工具包括论坛、微博、微信、图片和视频通过自媒体平台或者组织媒体平台进行发布和传播。

　　社会化媒体网络营销具有长周期、传播的内容量大且形式多样的特点。每时每刻都处在营销状态、与消费者的互动状态,强调内容性与互动技巧;需要对营销过程进行实时监测、分析、总结与管理;需要根据市场与消费者的实时反馈调整营销目标等。

　　企业应用社交媒体,可以在社交媒体网络上发布相关的服务信息和产品资讯,利用社交媒体网络上的粉丝关注效应和社群效应,可以大大增加企业的产品与服务信息在社交网络上的曝光量。

　　社交媒体的应用改变了以往过于依赖搜索引擎的网络营销模式,通过社交媒体不仅可以直接将社交媒体上的用户流量转化为企业官方网站的流量,而且可以通过企业在社交媒体上的信息吸引与服务互动来发展注册用户。

　　社交媒体的属性特征使得用户在社交媒体上能够获得比搜索引擎更加全面和完善的资讯,也更容易判断合作伙伴的经验和能力,从而帮助企业带来更多潜在的合作机会。

　　社交媒体上的信息更新与内容互动频繁、更新率非常高,更容易在搜索中排在更靠前的位置。

通过社交媒体发布优惠券,在微博上发起与产品有关的话题,监控感兴趣的客户行为,结合邮件营销和博客营销,可以带来大量销售机会。

社会化媒体营销的基础是人与人、人与组织及组织与组织之间的关系链。利用用户之间既有的关系链,在其中某一个点注入信息,通过关系网迅速传播。营销内容传播的启动方式可以是多样化的,可以根据自己的优势和能够利用的资源通过网络媒体的报道、微博大号的转发,大量广告的投放、甚至是靠水军冲上热门话题榜。

社会化媒体营销关键的几点是:做到让目标客户触手可及并参与讨论;传播和发布对目标客户有价值的信息;让消费者与你的品牌或产品产生联系;与目标客户形成互动并感觉产品有他一份功劳。

本项目需要学习和完成以下任务:

▶ 任务1　论坛营销

▶ 任务2　微博营销

▶ 任务3　微信营销

▶ 任务4　百科营销

任务 1 论坛营销

☼ 任务目标

一、了解论坛营销的概念；
二、掌握论坛推广的操作步骤。

☼ 知识储备

一、论坛营销的相关概念

以论坛、社区、贴吧等网络交流平台为渠道，以文字、图片、视频等为主要表现形式，以提升品牌、口碑、美誉度等为目的，通过发布帖子的方式进行推广的营销活动叫作论坛营销。

论坛叫 BBS。在网络上中文译为"电子公告板"。目前论坛营销已经历过以下几个发展阶段。

论坛群发器。早在十年前就有很多人为了省力气，通过各种群发软件在论坛发帖，很多新人直接将论坛推广理解为论坛群发。论坛推广在于质，而不在于量。用群发工具发帖会被各个论坛删除和封号。有一部分人用群发器是为了辅助 SEO，增加网站外部链接，但是借助垃圾论坛的链接效果甚微，如果突然之间增加大量外链，也容易被搜索引擎惩罚。

手动群发广告。很多朋友发现了群发器的弊端：群发软件无法识别论坛类型和版块主题，导致账号经常被封。于是他们改用人工操作发帖，目前这也是比较主流的一种推广方式。这种方式本质发送的内容还是广告，也容易被删帖、封 ID，甚至直接封 IP。

手动发软文。将广告升级到发软文，说明营销意识增强了。这个阶段的核心是"软文"，帖子发出去后会不会被删除、会不会产生效果，在很大程度上取决于软文的质量和力度。除此还要看发布的渠道是否精准匹配,以及相关论坛管理员的监管力度。通常越老的论坛,对于软文的敏感度越高。

边互动边发软文。将广告换成软文会降低被删除的机率,但是在论坛中发完软文就走,不与坛友互动,效果还是会大打折扣。因为论坛的本质是互动,不是一个人自言自语。论坛的圈子文化决定了只有与论坛中真实的人产生互动,才会有效地将信息传递出去。

论坛推广用效果说话,达到下面几条标准,基本上就算是领会要点了。

(1)不被删除。这是基本条件。

(2)吸引眼球,即使帖子不被删除,没有人看也是无用功,所以内容质量是关键。

(3)打动用户。最终的目标是要影响用户的选择和行为。

(4)有人互动。大家都看帖不回帖,也会很快被淹没,没有机会被更多展示。

(5)加精推荐。如果你的帖子能被论坛内的版主给予加精、加红甚至推荐那就不错了。

(6)有人转载。如果你的帖子能被用户主动转载到其他论坛或网站,恭喜你已经大功告成了。

二、论坛推广的操作步骤

第一步:了解需求。首先要明确我们具体推广的产品是什么,是虚拟物品还是实物。其次要明确推广的目标是什么?是为了增加流量、注册量还是增加品牌知名度,带动销售。

了解完目的后,还要透彻地了解产品。比如我们的产品优劣势是什么?产品的用户群体是谁?产品的亮点是什么?哪些亮点能够打动用户?我们的产品能帮他们解决什么问题。

对于用户我们还要知道他们一般会聚集在哪些论坛?用户在论坛里面做什么?喜欢什么样的话题?什么样的资源?最有共性的问题是哪些?哪些是最需要解决的。我们又能解决其中的哪些?

在进行论坛推广前也要了解竞争对手。如竞争对手有没有做过类似的推广?做的效果如何?大概是如何操作的?整个过程投入了多少人力、物力?有没有可以借鉴学习的地方？

第二步：寻找目标论坛。对于论坛的选择不是越多越好，首先，是质量，否则太多的论坛反而应付不过来。其次，目标论坛也不一定越大越好，主要是论坛氛围要好，客户要精准和集中。比如我们要推广手机就只找手机类论坛。尽量找内容源论坛，如果能够在内容源论坛炒红一个帖子，就会被大量的第三方论坛转载。

第三步：熟悉目标论坛。论坛确定后，先不要急于注册账号发广告，每个论坛的特点和规则都各不相同。如果贸然行事很容易被禁言封号。首先，应该了解论坛的规则及对于广告信息的监管力度，有无特殊说明。比如有些论坛会设置专门的广告外链区。其次，要了解论坛内各版块的特点和差异，比如每个版块的主题特色是什么，哪些版块最火，我们的信息和产品发到哪些版块最适合等。最后，还要了解论坛用户的特点是什么。即使同样主题的论坛，用户群的喜好和风格也可能完全相反。

第四步：注册账号。想做论坛推广，首先要有账号，而且有时候数量少了还不行，需要大量"马甲"集团作战。所以对于准备长期驻守的论坛，平常要注意多多注册、积累账号。在注册账号时，不要用相同 IP 大量注册。除此以外，还要注意能用中文的尽量用中文，起些简单易记、富有特色，并且具有亲和力的名字，能够让人快速记住。对于长期使用的主账号，建议大家用实名。账号注册成功后，请第一时间更新完善论坛内的个人资料，如性别、联系方式、个人简介等，越丰富越好。选用一张个性而富有魅力的图片做头像，会提升大家对你的好感。快速融入新论坛最好的方法是制造话题或适当地制造争议。当然，要注意把握尺度，不能把争议变成争吵。

第五步：准备内容。推广帖子的内容不管怎么写，其具体切入点一定要在产品卖点与用户需求中找平衡，要既能将产品的亮点展现，又能满足用户的需求。比如我们推广的是减肥产品，目标用户的需求中包括安全、无毒、不反弹、纯天然、快速等。而我们产品最大的卖点是绿色、安全、不反弹，且 3 个月无效全额退款。那在操作时，则将产品的这些卖点及用户的需求和期待相结合，炮制文章。

如先用恐吓手法，向大家展示乱减肥的严重后果，然后再以知识普及的形式向大家阐述所谓快速减肥的弊端和害处，讲解不良减肥产品引起的不良反应及后遗症，以及如何安全健康地减肥等。在这个过程中，将产品一步步引入。论坛推广的本质是互动,内容可以结合娱乐题材、社会热点、分享互助等。

第六步:马甲炒作。即使内容再好也有可能受冷落。所以我们要提前准备好充足的"马甲"。一旦帖子没人关注,赶紧上"马甲"先自行制造话题。在具体操作时,"马甲"也不要只是一味地回复些"顶""路过"之类没有营养的话。要提前设计好对白,且对白要有看点,要能激发用户的参与热情。

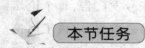

本节任务

任务背景

联乐是一家线下销售床垫的品牌企业。销售的床垫适用于青少年、成年人、中老年等各种人群。他们准备策划一个小型的论坛推广活动。要覆盖到 3 个以上的论坛及两篇以上的推广贴。

任务要求

1. 帮助这家企业在网络上面找到三家以上跟他们产品相关的论坛。

2. 根据这家企业产品适用的不同人群,选择两个群体作为目标各写一篇推广帖。

案例分享

手机社区实操案例

某手机社区刚上线,投入了不少的人力和物力,做了几个月却一直没有起色。每天的注册用户仅二三十人,每天发帖量仅为 100 左右。由于当时资金全部投入到了产品开发等环节,在推广方面没有预算,考虑在不花钱或者少花钱的情况下进行推广。于是,他们决定用性价比较高的"论坛推广"进行操作。

按照论坛推广的步骤,首先,开始分析自己社区的特点,发现确实没有什么优势和特色。接下来,分析目标用户群,从表面上看,手机社区的目标用户很宽泛,只要有手机的人,都是目标用户。但实际上并非如此,有手机的人,不一定上社区。经过深入分析发现,喜欢上手机社区的以年轻人为主,他们比较有时间、有精力,喜欢追逐潮流,玩转数码产品。其中又以智能、娱乐型手机用户居多。

　　经过调查与观察发现用户的行为,这些用户上手机社区主要以下载各种资源为主,如歌曲铃声、主题背景、游戏、电影视频、刷机包等。继续分析下去,这些年轻人还具备:愤青、冲动、热衷游戏、追逐明星等特征。因此,手机社区从内容上可以主打争议牌,用争议去吸引他们。

　　接下来筹备内容,一共策划了10多篇帖子,其中以《网友评出十大最差劲手机》一文最为成功,文章里面列出的10款手机都是比较有代表性的机型,所以此文发到其他论坛后,反响强烈。当天就为社区带来了100多个注册用户,当天的发帖量逼近1 000大关。而且这篇文章的影响力,持续了一个月。此推广项目一共持续了一个月,最后算下来,一共才花费了不到500元兼职费。

 课后思考与练习

1. 名词解释

论坛营销

2. 简答题

论坛推广的操作分哪几步? 请简述。

论坛推广的了解需求有哪些?

论坛推广达到效果的标准有哪些?

任务 2 微博营销

☼ **任务目标**

一、了解微博营销的定位；
二、掌握微博内容的撰写；
三、掌握微博互动策略。

☼ **知识储备**

一、微博营销的定位

以微博这种网络交流平台为渠道,通过微博客的形式进行推广,以提升品牌、口碑等为目的的活动,称为微博营销。

微博营销的特点是操作简单,只要会打字,能够写出 140 个字以内的内容,然后到新浪、腾讯微博等主流微博平台申请一个账号,即可开始微博营销之旅。而且信息发布也非常便捷,不需要长篇大论,也不需要任何审核,马上书写,马上发布。互动性强,可以与粉丝即时沟通,及时获得用户的反馈与建议,第一时间针对用户的问题给予回应。

企业微博定位的目的是确立企业微博的运营价值和方向,获得营销成功。明确目的后,再在此基础上展开微博运营,发布微博内容,发起微博活动,吸引目标粉丝群,形成企业在微博上的影响力,做到利益最大化,参见图 3-1。企业微博一般分为信息展示类、微博电商类、品牌传播类、客户服务类、危机公关等。

二、微博内容的撰写

企业微博主页是直接展示企业形象的平台,一个美观、整洁、符合浏览者习惯的企业微博界面至关重要。微博模板指微博主页呈现的样式和布局,企业模板包

图 3-1 信息展示类的 @ 宝马中国微博

括封面图和背景图两部分。企业微博的装修应色彩协调、简洁大气，符合当下的社会审美情趣。为了达成与企业形象对外传播的一致性，企业微博背景要保持与品牌特征的一致性。微博的头像建议以 Logo 作为头像，以加深用户对品牌的印象，参见图 3-2。

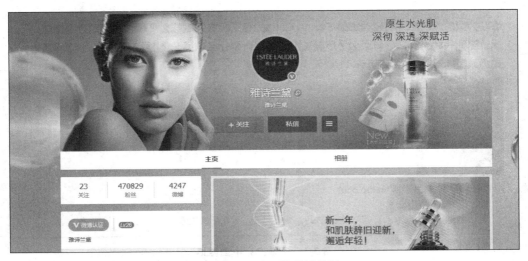

图 3-2 @ 雅诗兰黛微博模板

微博昵称是指微博中的名字。是粉丝首先浏览到的内容，通过昵称能直接在众多微博账号中找到企业微博账号，故而昵称的设置非常重要。企业有一个辨识度高、有代表性的昵称，才能为建立微博平台的第一步做好铺垫。企业微博的昵称应与企业有相关性，且不能仅为通用性词语，如表 3-1 所示。

表 3-1　企业微博昵称的命名原则

企业微博昵称	命名原则
企业官方微博	企业关键词
职能微博	企业关键词 + 职能名称
品牌/产品微博	企业关键词 + 品牌/产品名称
区域微博	区域 + 企业关键词
领导人微博	实名或企业关键词 + 实名
员工微博	名称或企业关键词 + 姓名,企业关键字 + 职位

企业微博内容要实时更新,且发布的内容要保证时效性、趣味性、关联性、互动性,这就对企业制作微博内容提出了更高的要求。下面介绍几种常见微博内容制作方法。

(1)基于产品制作微博内容。通过日常的微博发布来传递企业品牌或产品信息是企业微博运营的一项重要任务。因此,将企业产品信息巧妙地植入微博中,使得内容亲和自然,粉丝就不会对此反感,并乐于分享,参见图 3-3。

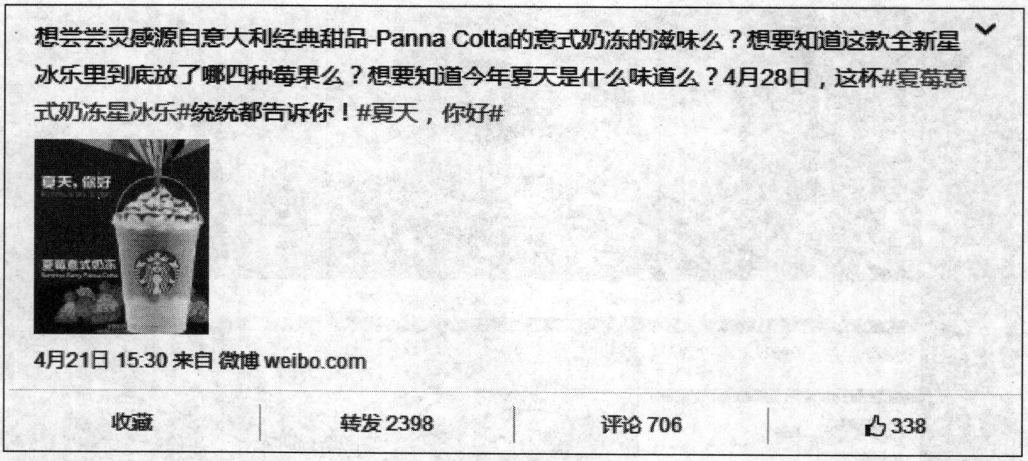

想尝尝灵感源自意大利经典甜品-Panna Cotta的意式奶冻的滋味么?想要知道这款全新星冰乐里到底放了哪四种莓果么?想要知道今年夏天是什么味道么?4月28日,这杯#夏莓意式奶冻星冰乐#统统都告诉你!#夏天,你好#

4月21日 15:30 来自 微博 weibo.com

收藏	转发2398	评论706	👍338

图 3-3　@星巴克中国微博

(2)基于品牌制作微博内容。品牌推广是企业形象塑造的重要内容。基于微博用户基数大、信息传播快等特点,企业也可借助官方微博进行企业品牌形象建设。通过发布与品牌价值关联的微博内容强化品牌微博的影响力,发布产品理念、品牌价值、公益活动等相关内容促进品牌推广。

(3)基于创意制作微博内容。许多粉丝喜欢在微博上猎奇,创意的内容易引发传播,这样的内容以其独特的视角和趣味性,容易吸引粉丝关注并分享。

（4）热点制作微博内容。微博上每天都会涌现很多话题和突发新闻,新浪微博也会通过"热门话题""热门微博"来推广这些内容,使它们成为粉丝关注的焦点。若企业官方微博能将品牌或产品与粉丝密切关注的热门话题联系起来,就能借助微博热点在短时间内吸引大量粉丝关注,使品牌得以推广,参见图3-4。

图3-4　微博热门话题

（5）基于活动制作微博内容。发起微博活动是企业官方微博吸引粉丝传播内容的常用方法,因为微博活动的群体关注性及利益诱导性等因素,使活动微博易在短时间内爆发,形成大规模传播,吸引大量粉丝关注。

（6）基于互动制作微博内容。微博不仅仅是一个发布内容的平台,更是一个交流互动的平台,可以说,一个没有互动的企业微博不是一个好微博。企业适时地在微博上与粉丝互动,创造各种新鲜话题或跟粉丝对话交流,都能使企业微博在粉丝心中保持亲和的形象。

三、微博互动的策略

发布微博的时间规划也是一门学问,因为微博的发布时间会影响微博内容的实际达到率。同类型的内容在不同的时间发布，其转评数、传播效果大不相同。由于微博的信息量非常大，粉丝往往只阅读最新的内容，所以在合适的时间发布相关信息能达到事半功倍的效果。一般来说，周一到周五上午 9 点到 11 点，中午 12 点 30 左右有一个小高潮。移动客户端相应要各提前和延后一小时。周末休息日由于作息时间变化等原因，粉丝互动普遍不是很高，且较分散，但周末夜间的活跃度比较高。所以信息类的内容适合早上发布，休闲娱乐类的内容适合下午发布，互动性的内容适合晚上发布。

每个企业官方微博都应建立自己企业的微博资料库。资料库的作用主要是微博内容的存储、备录及共享。资料库的建立不仅能够方便进行内容的摘用，还能借此建立本企业的文档库，为企业打造自己的观点集和知识库。微博运营人员将这些资料共享，一方面可促进微博工作进展，另一方面可以用于企业的内部学习，以见证企业的成长及微博的运营成果。

微博互动沟通能增强品牌与粉丝的情感交流，接近品牌与粉丝在虚拟空间里的关系，同时微博也是增长粉丝、传播口碑的最好途径。企业微博内容规划好后需要吸引粉丝的关注和参与，除了多发微博提高微博活跃度外，还可多与粉丝互动，建立良好的关系，增强微博亲和力，进一步提高微博账号质量。微博互动主要分为常规互动和高级互动两类。

常规互动主要包括了转发、评论、私信、@、留言板等互动，而高级互动主要是基于检索和有创意的内容让粉丝自发传播互动。

常见的几种微博互动形式。

（1）转发微博。粉丝在浏览微博时，对微博内容产生认同、异议、希望分享等观点时可能会转发微博并发表看法，或将内容@给希望分享的人。企业微博在收到粉丝的相关反馈后，可以做出相关回应。一般粉丝以分享的态度转发微博时，企业微博可以做礼节性的回复评论，比如回复"谢谢分享"；若粉丝在转发微博时表达相关观点，企业微博可以就问题进行探讨，回复内容表示认同粉丝的观点或提出不同看法；此外，若粉丝的观点有代表性，可以转发出来与其他粉丝分享。

（2）评论。粉丝在浏览微博时，通常会对感兴趣的微博内容进行点评，但不会将信息转发到自己的微博。企业微博在收到评论后，可以对评论进行回复。一般比较随意化的评论，可以做礼节性的回复。若粉丝发出询问、补充、总结类的评论可以就微博内容与其进行进一步的探讨。

（3）私信。当粉丝和企业沟通时，沟通内容是不希望第三方看到的，粉丝会选择以私信的方式进行沟通。企业在处理私信互动时，应把握以下原则：及时原则，企业微博在收到私信后要及时回复，第一时间回复能让问题迅速得到解决，也会给粉丝留下好的印象；分类原则，在收到粉丝私信后，可通过查看对方微博对其背景做初步了解，方便下一步的沟通。同时，将收到的私信进行分类，比如将粉丝的私信内容分为售后服务、产品咨询、业务合作等类型进行备案；对等原则，一般企业会安排运营人员监测企业的私信情况。若发私信方为董事长，且私信话题有一定的专业度和针对性时，运营人员可将信息传达给相应的负责人，让其进行接洽、保证身份、信息对等；互动原则，建立多层次的沟通互动机制，包括@、私信、转发、评论以及 QQ、短信、电话综合应用。私信沟通可能是双方沟通的第一步，在双方私信初步了解后，若有长期的沟通需求，可换用其他沟通方式，如索要对方 QQ号码或者电话号码，以方便后续沟通；闭环原则，每个粉丝反映的情况或提出的问题都要闭环。对粉丝通过私信提出的问题，要建立追踪机制，保证私信所提及的问题完全解决。

（4）互动。粉丝在发微博时，会主动@企业微博，表达自己的某种意愿。比如有粉丝购买了某件产品，在微博上会分享@企业微博账号，希望该企业微博能看到相关信息；或者有微博用户发表某个观点，希望与其他用户分享观点，也会@相关微博账号。当企业微博收到粉丝的@后，可以与其进行简单的互动，回应相关诉求，和粉丝建立良性的持续互动。当有粉丝就产品或其他相关问题，希望得到企业微博回复的时候，他们会@企业微博希望其能给出意见。此时，企业微博可以检索这些@的信息并进行合理的回答。

四、如何增加微博粉丝

微博营销很重要的一个前提就是需要先拥有足够的粉丝，如何增加粉丝，有以下 13 种常见的方法。

（1）内容。内容的定位与质量决定了用户群的类型与规模。想让每条内容都是精华不太容易。如果我们能够围绕热点制造一些有感染力的内容，自然也会受到关注。

（2）勤更新。如果更新得太慢，被关注度就会降低。有组测试数据显示，一般每天更新三条微博以上者，当天都会至少有10个左右粉丝增加。如果几星期不更新一次，几乎没有粉丝增加。

（3）标签。微博有个标签功能，我们可以设置10个最符合自己特征的标签，如淘宝、微商等。设置合适的标签，将会极大地增加曝光率，那些对相关标签感兴趣的人，就有可能主动成为你的粉丝，参见图3-5。

图3-5 新浪微博淘宝类博主

（4）主动关注。主动出击，主动关注别人，也是一种很直接的方法。

（5）加热门话题。如果我们在发布内容时添加这些热门话题，则可以极大地增加曝光率和被关注的概率。

（6）引发争议。如果我们能够发现一些有争议的内容，引发别人的关注与转发，也可以达到大量曝光和增加粉丝的目的。

（7）做活动。是非常传统但也实用的方法。比如转发抽奖、转发资源、抢楼得奖等。

（8）QQ群。现在网络上有很多微博交流群，通过QQ群来增加粉丝，也是个不错的选择。

（9）评论别人。可以到广播大厅，挑那些引起粉丝多的人发布的博文进行评论，尽量挑那些最新发现，还没有人评论的。然后针对他们的内容进行评论，评论得越有特色、越能引发别人的共鸣效果就越好。这样当他对我们的评论进行回应时,自然就变相地为我们做了推广。

（10）给别人发邮件。发布内容时,可以多给那些与内容相关且粉丝多的人发邮件,主动邀请他们帮我们转发。

（11）插件。现在微博第三方插件越来越多,其中有一些插件是可以帮助我们增加粉丝的,如好友管理工具等。

（12）辅助软件。除了微博插件外,网络上还出现了许多第三方的软件,如互粉工具、互听工具等,这些插件都可以帮助我们快速增加粉丝。

（13）除了以上比较常见的方法外,在我们的日常生活和学习中,只要方便都可以见缝插针地进行宣传。例如,经常写文章,那可以在文章中推荐等。

五、微博营销的操作要点

（1）关键是人气,首先要积累足够的人气。

（2）微博不是广告发布平台;不要只记流水账,通过语言、文字与用户互动,来达到营销的目的。内容要情感化、要有激情,为用户提供有价值、有趣的信息。

（3）尊重粉丝,不与用户争论吵架;不要单方面发布消息,微博营销不是一个人自言自语,要学会与粉丝互动。

（4）全员上阵,如果您的团队或是公司人较多,可以鼓励大家都开通微博,多在微博中讨论公司中的生活、工作、企业文化等,向大众展现一个真实、温情、有朝气的公司形象。

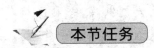

本节任务

任务背景

三星计划于近期上市一款新型号手机,上市前要让消费者们对产品进行全面了解,包括卖点和特色。现该品牌准备通过微博进行营销,营销的内容包括新品的独特卖点和相较于其他竞争品的优势等。

任务要求

1. 该品牌手机准备找一些手机专业评测机构和媒体的微博号进行新功能的评测和真机爆料宣传,请你对此次新机微博营销的爆料内容进行定位设计,除了产品材质特点、产品谍照、上市日期外还可在微博中表达什么内容?

2. 在新品手机通过微博爆料的过程中,怎么样吸引该品牌手机的爱好者来进行互动?

案例分享

新剧微博推广

华娱卫视曾经独家播出过热门台剧《小资女孩向前冲》。在此期间他们策划过3次话题微博传播。3个阶段的话题微博都成功登上了新浪微博热门转发榜首页,极大提升了《小资女孩向前冲》的关注度,也扩大了华娱卫视的微博影响力。

在剧集播出前期,华娱卫视制作了"七招教你识别隐形富公子"的长微博,使用了"招数概念＋热点人物"的创意模式吸引网友的好奇心和注意力。此创意充分整合了"小资女孩"和"富公子"两个概念,紧扣电视剧《小资女孩向前冲》里的核心角色,调动对该剧有一定了解的观众的讨论热情,吸引还不了解该剧的粉丝关注该剧。而"隐形富公子"本身契合时代的特点,也符合女性网友的关注喜好,引起了很大一部分女性网友的参与。微博发出后,转发量达15 945,粉丝覆盖数888万,成功登上转发排行榜第一页。

剧集热播中期,华娱卫视又策划了"富公子最常用的爱情告白"的长微博,以富公子最常用的爱情告白为切入点,使用"剧情发散＋剧照分享"的创意模式做微博推广。创意中,类似"那些酸得你牙疼的爱情告白,读到哪一句时,你会放弃抵抗呢?"俏皮的文字很符合微博的调性,易于获得网友的共鸣,并利用长微博将主演的剧照和台词进行搭配,积极调动主演、粉丝的参与热情。另外,创意整合了剧照与台词,能够非常直观、有效地宣传该剧,并引发网友对该剧剧情和男女主人公的热议。而此阶段《小资女孩向前冲》已经收获了一大批到华娱卫视收看该剧集的铁杆粉丝,并且微博调查发现,年轻的女性是该剧的主要收视人群。最终此微博转发量12 848,粉丝覆盖数319万,荣登热门转发榜首页。

剧集热播后期,华娱卫视制作了"小资女孩如何向钱冲"的创意微博,这次使用"借势营销＋热点效应"的创意模式,首先,借用热门话题,盘点微博热点,如关键词"齐B小短裙""事业线""干爹"等,有效导入微博粉丝,分享热点红利。其次,通过图文并茂、设置悬念的方式,植入剧情信息,吸引网友一探究竟。再次,微博标题极具争议性,引发了"小资女孩"的讨论狂潮。微博配图中推广"小资女孩"教导"落难王子"的现场生存之道,揭晓了"小资女孩闯荡职场的秘籍",一度成为热门的职场攻略,并引起大家的思考和借鉴。最后,微博转发量20 531,粉丝覆盖数319万,荣登热门转发榜首页。

　　通过对《小资女孩向前冲》全面的微博宣传,华娱卫视积聚了一批小资女孩的忠实粉丝,也成功打造了3次热门话题和多个热门关键词,扩大了华娱卫视在微博上的影响力。3个阶段的主推话题微博都推广到新浪微博热销榜首页。并最终使得《小资女孩向前冲》在偶像剧战场中保坐收视冠军。

 课后思考与练习

　　1. 名词解释

　　微博营销

　　2. 简答题

　　常见的微博内容制作方法有哪些?请简述。

　　增加粉丝的常见方法有哪些?

任务 3 微信营销

☼ **任务目标**

一、了解微信公众号的优化步骤；

二、了解微信后台的几大营销系统；

三、掌握微信系统的营销方法。

☼ **知识储备**

一、微信公众号的优化步骤

微信有三个主要功能：通信功能、社交功能和公众平台功能。微信首先是个通信工具，通信功能实现了人们的社交需求后，它又搭建了强大的社交网络，而在此基础上，增加了公众平台，提供信息发布和传播的服务。对企业公众号来讲，微信的本质是企业为用户提供服务的工具。

企业微信公众平台可作为产品说明工具：可通过微信栏目规划，将产品说明书、产品使用、维护技巧等信息嵌入微信公众平台，方便粉丝查阅了解。企业微信公众平台可作为客服互动工具：企业客服可直接在微信上和消费者交流，解答他们的疑问，进行售后服务。企业微信公众平台可作为市场调研工具：企业可直接在微信上进行市场调研，收集消费者对品牌和产品的反馈信息。

企业微信营销是大势所趋，合理规划企业微信可以参考如下步骤。

（1）建立公众账号。在微信公众平台，注册企业公众微信账号，确认成为公共账号用户。根据公司推广计划，规划微信定位，是定位为订阅号还是服务号，希望通过企业微信公众号来完成哪些目标。

为了方便查询和管理，企业公众账号要有个合适的命名，公众账号的命名一方面要能代表企业品牌形象，另一方面也要方便粉丝查询和辨认。

（2）粉丝规划管理。企业可以根据粉丝标签对微信公众号里面的粉丝进行分组管理，如按照年龄、性别、兴趣爱好、消费水平等对粉丝进行分组。微信公众平台的后台能实现信息分组群发，一个粉丝一天能接收到一条群发的信息，为保证信息的精准抵达，在信息推送时，不同粉丝发送不同内容，精准地将不同的信息发给对应的粉丝。

（3）微信内容。建立微信公众平台后，要对微信的内容进行明确的规划，一方面要考虑受众的喜好和接受范围，另一方面也明确了日常内容准备和制作方向。微信内容一般分为两类，一类是嵌在微信自定义菜单的内容，一类是每日（或每月）微信推送的内容。

在微信中设置自定义菜单，可以让订阅者按菜单查阅相关内容，同时还可以在菜单中建立引导互动机制。此外，企业可以通过自定义菜单接口链接到做好的HTML5网页，在页面中构建多种功能并且展示更多页面设计效果。

为更有效地利用微信公众平台，提高微信账号的日常活跃度，我们经常在日常运营中向粉丝推送内容。日常推送的内容也要进行合理的规划，保持信息的丰富性和实用性。如表3-2所示，某公众账号的推送栏目规划。

表3-2　某公众账号的推送栏目规划

时间	主题	内容
周一	商家资讯	产品相关供求信息
周三	行业商机	行业形势动态
周五	生活小常识	与产品相关的生活常识
周六	互动问答	趣味互动

（4）微信互动。微信互动被越来越多的企业用来做基础客服工作，粉丝可以直接在微信上获取想要的信息，解决相关问题。常见的微信互动有两类，一类是自定义回复，另一类是人工互动。为节约人力资本，提高互动效率，一般企业会在微信后台设置关键词回复，对一些常见问题直接进行自定义回复；而对于一些有针对性的问题，需要安排人工进行互动解决。在人工互动时，要做好互动流程，方便操作，如表3-3所示。

表3-3　微信人工互动流程

评论类型	内容	回复方式
一般类	比较随意的微信	与粉丝进行沟通交流

续表

评论类型	内　　容	回 复 方 式
咨询类	行业类问题的微信	解析商家选品的疑惑
疑惑类	表达疑惑的微信	有选择地进行探讨
负面类	反对性观点、攻击性语言	忌争论,以探讨请教形式

企业在微信上展开互动客服时,往往以解决粉丝的问题为出发点,所以要合理规划自定义回复的内容并考量人工互动的效果,自定义回复中推诿的回答和不及时的人工客服互动会滋生更多的问题。

(5)微信推广方法。企业开通微信公众账号后,如何让更多的人知道微信账号并成为粉丝是一个非常重要的议题,因此要建立微信推广进度规划,吸引更多的粉丝关注,扩大企业微信影响力。常见的微信推广方法如表3-4所示。

表3-4　常见的微信推广方法

推广方向	推广方式	详　细　阐　述
线上推广	微博推广	在微博活动中加入微信元素
	官网推广	在行业网站中设置微信版块
	CRM推广	定期通过电邮等方式发送微信信息
线下推广	经销商软装	可在店面宣传单、画册中加入微信元素
	产品手册	在产品手册中加入微信元素引导关注

(6)微博、微信联动。在微信公众账号的推广过程中,微博、微信联动是常见的推广方法。借助微博传播快、粉丝活跃度高的特点,将微信活动发布到微博上,号召粉丝去关注微信,增大活动曝光率与活动参与率,将更多粉丝导入微信;也可在微信上宣传微博活动,扩大粉丝参与平台,实现微信与微博粉丝的相互转化。

(7)微信创意营销。社交媒体上的活动推广大多以创意取胜,微信也不例外。常见的创意活动形式有:游戏类、刮奖类、分享类。

二、微信后台的营销系统

从工具化的角度去看企业微信公众平台,它们像是一系列为企业提供推广宣传的服务系统。归纳一下为6大系统:展示系统、调研系统、会员系统、销售系统、客服系统、口碑系统。

（一）展示系统

展示系统一般指将企业介绍、品牌文化、产品服务、核心优势、最新活动等信息在微信上进行直观展示，方便粉丝直观快速地了解企业信息。如必胜客的微信突出信息展示，粉丝可以在微信里浏览美味菜单、了解各地餐厅情况、让粉丝在"必胜客欢乐时光"里看到实在的美味，如图3-6所示。

图3-6　必胜客微信展示

另外，微信上还用图文展示了必胜客部分产品的食材与制作方法，丰富美食背后的知识，吸引食客关注。

一般企业微信展示系统常见的展示方式有：拟人化形象展示、图文展示、视频展示、HTML5网站展示、矩阵账号展示、壁纸下载。

微信的调研系统，通过微信互动，收集粉丝信息，并建立粉丝信息档案。如很多化妆品微信里都设置了"申请试用"栏目，为粉丝量身定制产品试用方案。首先，对申请者进行肌肤测试，全面了解粉丝需求并有针对性地制定试用方案，一方面可以在短时间内获取粉丝信息，另一方面可以让粉丝有满意的用户体验。其次,也可以在微信里直接嵌入问卷调查表,做粉丝详细调研,深入了解关注品牌的粉丝具体情况,根据调研结果改进产品,满足更多粉丝的需求。

传统的会员凭证有会员卡、电子账号、手机号等形式,而微信可以整合上述各种凭证形式,让会员管理系统和操作更简单。企业会员可直接在微信上进行会员信息绑定,进行个人资料管理和信息查询。

如图 3-7 所示,唯品会上的会员可在"我的唯品"上查询订单、物流等信息。

图 3-7　唯品会微信展示

有些行业将业务转移至微信,粉丝在微信上绑定会员信息后便可直接在微信上办理相关业务,也可通过微信享受一些会员特权。如绑定关注 7 天连锁酒店官方微信"7 天会",即可到 7 天连锁酒店全国超 2 000 家任一分店免费领取瓶装水 1 瓶。

有些企业希望通过微信展示产品,做好互动客服,进行品牌推广,但更多的企业希望直接通过微信实现产品销售。因此,越来越多的企业开始在微信上搭建微信商城,实现微信电商。微信本身拥有庞大的用户群,且有基于朋友圈强关系的分享链,这些使企业的微信商城在聚集消费者、进行产品口碑传播等方面拥有天然的优势。如小米手机微信嵌入小米商城,粉丝可以直接在小米商城里选购小米旗下产品并微信支付,此外小米手机还不定期开通微信专场(购买只在微信内开放,并且仅限使用微信支付购买),微信购买成功后分享信息至朋友圈,还可赢取奖品。

微信上也可进行产品直销,玫琳凯就将直销策略直接运用到微信上,各销售总监通过个人魅力打造粉丝群,然后再进行产品销售转换,如图3-8所示。

图3-8 玫琳凯微信直销

微生活会员卡即微信会员卡,是腾讯移动生活电商旗下的O2O产品,以二维码为入口连接消费者与商家。在微生活会员卡平台上,广大消费者可享受移动互联网的便捷,获得生活实惠和特权。微生活会员卡,各个城市享受不一样的特权,会员门槛低,关注了微信的人都可以申请,只需注册即可。

在微信里打造微信商城,让粉丝在享受微信体验的同时也可以直接进入商城选购适合自己的产品,方便快捷。粉丝可在微信商城选购产品并进行微信支付。同时微信也实现了订单管理和客户服务,如御泥坊官方微信等。

（二）微信销售转化

微信还有一种实现销售转化的方法,为线下导流。在微信上申请领取试用装,而试用装领取方式设为到专柜领取,为专柜导流,让更多粉丝到专柜体验了解产品,制造机会。

微信在实现企业互动客服方面具有天然的优势,即点对点的私密沟通。互动客服类微信,一般是指企业通过官方微信实现客户服务,解决粉丝的疑惑,并与粉丝进行情感交流,建立品牌亲和力。一般企业官方微信会先建立品牌的拟人化形象,再通过拟人化形象与粉丝交流。粉丝可以在微信上实现查询自助、问题咨询、售后反馈等多方面的服务。

微信可以直接提供产品防伪查询,只要直接输入防伪卡上的防伪验证码就可以确定产品是否为官方正品,让顾客放心使用产品,如百雀羚微信的防伪查询。

粉丝可以直接在微信咨询企业产品、售后等各种问题,企业微信后台安排专职客服回答问题。

除了管理企业会员信息,企业也可通过微信进行员工信息管理。用微信将员工分组,通过微信发送分组信息,将相关信息精准地发送给企业员工。微信通知免费并且便捷,方便信息沟通。

得益于微信分享信息到其他社交平台的便捷性以及微信朋友圈的强关系链,企业也可尝试在微信里搭建口碑分享系统,常见的口碑分享有达人口碑分享、明星产品口碑分享、分享信息到其他社交平台。

三、微信的营销方法

(一)吸引粉丝

建立企业微信公众账号后,首先解决的是吸引粉丝的问题,微信粉丝的常规来源有内部员工、CRM 系统会员转化、终端推广聚粉、二维码圈粉等。

首先,企业内部员工可成为企业微信的第一批粉丝,他们是企业微信忠实的关注者和建言者,他们从体验者的角度为企业微信的建设与完善提出意见,也可将企业微信号推荐给各自的朋友圈,让更多的人关注。

其次,打通企业 CRM 系统,将会员转化成粉丝,是品牌微信粉丝的一个重要来源。常见的转化方式有电子邮件推送、短信推送、会员刊物推荐等。

最后,门店终端二维码推广是将潜在消费者转化成粉丝的绝佳方式,为了更多地吸引粉丝,可以门店终端加强微信印记,如在宣传单、画册、X 展架、包装、说明书等地方突出二维码标识,方便粉丝加关注。同时在企业的各种市场活动中,也可同步加上微信的推广宣传。

（二）留住粉丝

解决如何吸引粉丝关注企业微信的问题后,如何保持粉丝的持续关注将是一个更重要的问题。粉丝会因为一段时间的体验后新鲜感消退取消对企业微信的关注,也有粉丝因为关注的微信号太多,无暇查看每个微信号推送的内容而取消对一些微信账号的关注,如何减少这些情况的发生,我们从利益驱动、情感驱动、商务驱动三个驱动点出发,讨论如何让粉丝保持持续的关注热度。

（1）常见的利润驱动有提供平台优惠权益共享的免费服务、提供新品试用服务、提供创意的整合产品服务。会员能通过微信平台得到免费快捷的服务,可以通过微信申请试用品或领取礼品。

（2）情感驱动则侧重于通过制作能产生情感共鸣的活动或内容让粉丝乐于参与和分享。比如微信内容新潮、创意十足、让粉丝情不自禁地分享;微信活动有趣好玩,粉丝愿意参与互动;同时也可通过微信将有相同爱好的人聚集,营造圈子感,并组织活动让大家参与。

（3）商务驱动主要表面在商场购物优惠、数据精准分析营销。商城购物优惠体现在粉丝在微信商城上获得更多特权,如微信价、微信积分、包邮等。数据精准分析营销以粉丝购买行为为核心,通过数据挖掘和监测,建立消费行为分析模型,通过商务的主动接触,驱使用户提高对于企业微信的黏度。

微社区是基于微信公众账号的互动社区,广泛应用于微信服务号与订阅号,类似传统 PC 端的品牌社区门户。微社区解决了同一微信公众账号下用户无法直接交流、互动的难题,把公众账号"一对多"的单向推送信息方式变成用户与用户、用户与平台之间的"多对多"沟通模式。微社区一方面可以增加微信公众号的附加价值,另一方面可以提升微信活跃度,吸引更多粉丝关注。

 **本节任务**

任务背景

南方航空是全国首家推出微信值机服务的航空公司。用户可在微信上办理

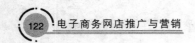
登机牌及在线选座的功能。现南航还在不断开发完善其微信功能,将官方微信定位为与会员的沟通和服务渠道,而非营销渠道。

任务要求

1. 请你根据南方航空微信定位,帮他们做下微信栏目规划。
2. 他们准备通过微信做会员服务,可以提供哪些服务?

案例分享

美的生活电器微信产品

美的生活电器在进入 2013 年后加快了线上销售渠道的扩张步伐,在微博和微信等社交媒体上加大力度进行推广,其微信公众号于当年 8 月正式上线。美的生活电器的微信号自称为"小美",平台主要提供产品中心、服务中心和小美故事 3 大功能。

产品中心:提供最新上市产品和活动查询,产品体验馆提供每系列产品的详细信息,在线商城进入美的生活电器的天猫旗舰店,美的旗舰店则提供每个城市旗舰店的详细列表。

服务中心:提供帮助及答疑、服务网店、服务政策、产品说明书和产品投诉等服务,为微信平台的客服服务功能。

小美之家:提供小美之家、企业介绍、产品介绍 3 项服务,为用户提供了解企业文化的渠道。

 课后思考与练习

1. 名词解释

微信内容　　微信互动

2. 简答题

微信的主要功能是什么?

合理规划企业微信的步骤是什么?

任务 4　百科营销

☼ 任务目标

一、了解百科营销的概念；

二、了解百科营销的特点；

三、掌握创建百科词条的方法。

☼ 知识储备

一、百科营销的概念

百科营销是利用百科网站这种网络应用平台，以建立词条的形式进行宣传，从而达到提升品牌知名度和企业形象等目的的活动。主流的百科有百度百科、互动百科、腾讯百科等，其中以百度百科的市场占有率最高。

百科营销的内容要丰富可用，有一定的公益性，不能变成纯粹的广告。

企业开展百科营销首先应该为自己建立一个企业百科，可以用词条形式，也可以用小百科，然后把企业网站的简介部分直接连接到百科媒体，获得更大程度的权威证明。

二、百科营销的特点

百科推广主要有以下 3 个特点和作用。

（1）辅助 SEM。搜索名词时会发现，往往在搜索引擎结果页第一位的，都是百科网站中该词条的页面。

（2）提升权威性。互联网上的百科网站，源于现实中的百科全书。在传统观念中，能被百科全书收录的内容一定是权威的。这种观念也被延伸到了互联网中，大部分用户都认为百科收录的内容比较权威。

（3）提升企业形象。随着互联网的普及，许多人在接触到陌生事物时，会先到互联网上进行检索。比如与一家陌生的公司接触洽谈时，会先上网搜索该公司的背景、实力、口碑、信任度等。如果公司能被百科收录，就会大大提高企业形象，增加客户对企业的信任感。

三、创建百科词条的方法

百科推广首先要建立新的词条，并顺利通过审核。我们创建的词条内容越专业，通过的概率就越高。百度百科为大家提供了"编辑助手"这个强大的辅助功能。在进入百度百科的创建词条页面后，单击导航中的"编辑助手"按钮，进入"目录模板"，根据我们要编撰的词条找到最适合的分类，然后参考系统给出的目录模板与示例词条进行编辑。

对于原创词条，一定不能是毫无意义的词汇，且词条的语言文字要具有一定专业性，充满可读性。要尽量制作一些知识性的内容信息。一般公司名称、人名、产品名称都比较好编辑。百科词条需要注重价值，切忌不要胡编乱造。

如果编辑已有词条，内容应该是对原有词条的补充，如修改过时的内容、添加新的内容，且要比原内容更专业，更具有可读性。

如果词条中有较明显的错误，通过率会非常高。最容易挑错的两个：一是找错别字；二是排版问题，对于那些通篇字体一样，甚至不分段落排版的词条，重新正确编辑后通过率几乎是百分之百。

如果词条中没有图片，可以为其添加相关图片，一般都会通过。若有一定美编功底，可以在图片中植入广告。注意，如果修改词条中已有图片，其通过率会降低。另外还可以添加词条链接，即在内容中添加指向其他百科词条的网站内部链接，这种方式的通过率也不错。

词条内存在明显的广告信息或疑似广告信息，几乎都不会通过。注意，只要是会被管理员误解的信息，都不行。如过分地强调公司名、产品名、人名等。

对于高质量的词条，只有等级和通过率达到了一定指标才可以编辑。所以平常要注意多培养几个高级账号，要多编辑正常的词条，以此来增加等级和通过率。如果一个词条编辑 3 次都不通过，那么最好换账号、换方法来进行编辑。

本节任务

任务背景

联乐床垫是中国名牌企业,年生产床垫 100 万床,产品远销世界各国地区。现该集团公司已在百度百科上面建立了百科词条。但描述还不完整。

任务要求

请你根据联乐集团现有百科词条,帮他们优化设计下还需添加的内容。

案例分享

创新商品的使用范围

VE 作为美容健康品已经为大众所熟知,但消费者普遍只知道 VE 是口服类营养品,殊不知 VE 也可外用。将 VE 刺破,洗发时滴入水中,或者与护发素同时使用,秀发干后更柔顺,更有光泽。这是 VE 的又一个用途;VE 还可与蜂蜜调和在一起作为美容面膜使用,能让皮肤更滋润、更有弹性。冬天 VE 还可与蜂蜜一起使用,涂抹在嘴唇上,嘴唇不会干裂,更加滋润,比普通润唇膏效果还要好。以往消费者可能一个月就需要购买一瓶蜂蜜,现在 VE 和蜂蜜一起可用三个月,效果还更好。

这样的百科营销描述,将会带来商品的销售倍增。所以创新商品的使用范围,将大大促进商品的销售提升。

课后思考与练习

1. 名词解释

百科营销

2. 简答题

百科推广的特点是什么?

如何创建和编辑百科词条?

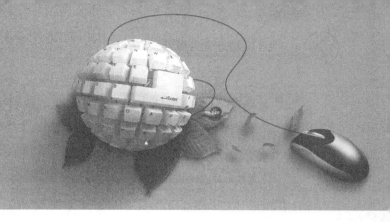

项目四
SEM 营销

SEM 是 Search Engine Marketing 缩写,中文意思是搜索引擎营销。SEM 所做的就是全面而有效地利用搜索引擎来进行网络营销和推广。SEM 追求高性价比,以最小的投入获得最大的访问量,并产生商业价值。

SEM 是为了使用户在搜索引擎中搜索相关关键词时,结果页中能够出现企业相关信息。SEM 主要有 4 种手段:SEO、竞价排名、底层营销、站外优化。

本项目需要学习和完成以下任务:

▶ 任务 1　SEO

▶ 任务 2　竞价排名

▶ 任务 3　网络营销引导

任务 1　SEO

☼ 任务目标

一、了解 SEO 的规则；

二、了解网站的基本优化；

三、了解常见的 SEO 误区。

☼ 知识储备

一、SEO 的规则

SEO 的全称为 Search Engine Optimization,中文译为搜索引擎优化。是指在了解搜索引擎自然排名机制的基础上,对网站进行内部和外部的调整优化,改进网站在搜索引擎中关键词的自然排名,获得更多流量,吸引更多目标客户,从而达到网络营销及品牌建设的目标。搜索引擎检索原则是不断更改的,检索原则的更改会直接导致网站关键字在搜索引擎上排名的变化。

它的主要原理是通过提高目标网站在搜索引擎中的排名来达到推广目的。例如,我们做了一个农特产品类的网站,当用户搜索与农特产品相关的关键词时,我们通过技术手段使网站出现在结果页的前几名中,就叫 SEO。SEM 与 SEO 可以理解成父与子的关系,SEO 包含在 SEM 当中。SEO 已经成为必用的网络推广手段之一。

SEO 的主要工作分为两类,一类是内部优化,例如属性标签优化、内部链接的优化,包括相关性链接、各导航链接、图片链接等,以及网站内容更新,保持站内文章的及时更新;另一类是外部优化,指外接链接类别如博客、论坛、新闻、贴吧、百科、相关信息网等尽量保持链接的多样性,每天添加一定数量的外部链接,使关键词排名稳定提升、与一些和你网站相关性比较高、整体质量比较好的网站交换友情链接,巩固稳定关键词排名等。

二、SEO 网站优化

SEO 的网站优化主要分为下面几步。

（1）关键词分析。是进行 SEO 优化最重要的一环,关键词分析包括:关键词关注量分析、竞争对手分析、关键词与网站相关性分析、关键词布置、关键词排名预测。

（2）网站架构分析。网站结构符合搜索引擎的爬虫（一种自动获取网页内容的程序）喜好则有利于 SEO 优化。网站架构分析包括:剔除网站架构不良设计、实现树状目录结构、网站导航与链接优化。

（3）网站目录和页面优化。SEO 不只是让网站首页在搜索引擎有好的排名,更重要的是让网站的每个页面都带来流量。

（4）内容发布和链接布置。搜索引擎喜欢有规律的网站内容更新,所以合理安排网站内容发布日程是 SEO 优化的重要技巧之一。链接布置则把整个网站有机地串联起来,让搜索引擎明白每个网页的重要性和关键词,实施的参考是第一点的关键词布置。友情链接在这个时候也需要及时添加。

（5）与搜索引擎对话。向各大搜索引擎登录入口提交尚未收录站点。在搜索引擎看 SEO 的效果,通过各站点的收录和更新情况查看,知道站点的反向链接情况,可以采用类似 Google 网站管理员工具。

（6）建立网站地图。根据自己的网站结构,制作网站地图,让站长们的网站对搜索引擎更加友好化。让搜索引擎能通过 sitemap 就可以访问整个站上点上的所有网页和栏目。

（7）高质量的友情链接。建立高质量的友情链接,对于 SEO 优化来说,可以提高网站 PR 值以及网站的更新率,都是非常关键性的问题。

（8）流量分析。网站流量分析从 SEO 结果上指导下一步的 SEO 策略,同时对网站的用户体验也有指导意义。流量分析工具,建议采用分析工具 Google Analytics 分析工具和百度统计分析工具。

三、常见 SEO 误区

为了 SEO 而 SEO 是一个最普遍存在的误区。有些 SEO 专员工作很努力,他们每天刻苦研究搜索引擎的算法,根据算法来努力优化网站,比如标题的关键词策略一定是一流的,内部页面一定设置了内链,网站的更新量绝对控制得恰到好处,每天都去其他论坛留链接等。但问题是这种网站完全背离了用户,根本不是做给用户看的,而是纯粹是为了迎合搜索引擎而做的。所以想让搜索引擎喜欢上我们,就需要先帮助搜索引擎实现其商业价值。简单地说,就是前面反复强调的:"为用户提供最精准的优质内容"。因为用户不喜欢的内容,搜索引擎也一定不会推荐。

很多刚接触网络推广的人以为网络推广就是 SEO。SEO 的效果虽然确实不错,但并不是全部,SEO 只是众多网络推广方法中的一种,且不是所有的网站都适用 SEO。而且 SEO 能做到的也只是带来用户,能不能留住用户,让用户为我们的产品和服务买单,就不是 SEO 能决定的了。

很多人做 SEO,对数据非常重视,如收录数、外链数、快照日期等。量化指标、追求数据是没错,但不能盲目追求一些不靠谱或是不相关的指标。对于企业来说,实施 SEO 是为了追求效益,而能获取多少效益,和快照日期、外链数等数据关系并不大。就算快照日期再新,用户也不会因为这个而掏腰包。作为企业,最应该追求的是转化率。

搜索引擎的数据肯定是天天变化的,有升有降。对于这些数据,我们掌握趋势即可,不用在意每天具体的变化。比如,每周固定一天记录一次数据,然后制作成曲线图,观察曲线的变化。如果曲线一直是上升状态,那就是良性的;如果是持续下降,那再根据具体情况去分析判断。

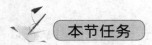 **本节任务**

任务背景

龙运钟表是一家专门生产运动手表的企业,主要消费群体为学生。

任务要求

请你根据该公司的产品特点,想一想买家会搜索哪些关键词来查找商品。

课后思考与练习

1. 名词解释

SEO

2. 简答题

SEO 的主要工作分类是什么？

SEO 的网站优化分为哪几步？

任务 2 竞价排名

☼ **任务目标**

一、了解关键词选择的基本原则；

二、了解引导页提升转化的元素；

三、了解底层营销的特点。

☼ **知识储备**

一、关键词选择的基本原则

SEO 是个非常不错的推广方式，性价比高，效果好。对于那些没有条件实施 SEO，却又想在搜索引擎结果页中抢占好位置的公司来说，该如何解决呢？答案就是竞价排名。

竞价排名的基本特点是按点击付费，推广信息出现在搜索结果中（一般是争取靠前的位置），如果没有被用户点击，则不收取推广费。

竞价排名的特点主要有如下几点。

（1）按效果付费，费用相对较低。

（2）出现在搜索结果页面，与用户检索内容高度相关，增加了推广的定位程度。

（3）竞价结果出现在搜索结果靠前的位置，容易引起用户的关注和点击，因而效果比较显著。

（4）搜索引擎自然搜索结果排名的推广效果是有限的，尤其对于自然排名效果不好的网站，采用竞价排名可以很好弥补这种劣势。

（5）企业可以自己控制点击价格和推广费用。

（6）企业可以对用户点击情况进行统计分析。

关键词选择是竞价排名的重心之一，而选择关键词最重要的原则就是要精准。这里说的精准,不仅仅是像 SEO 选择关键词那样,只要选的关键词与网站业务有关,然后有一定的搜索量即可,关键是要有转化率,至少要满足以下两个条件:搜索该词的人有明确的消费需求与能力;搜索该词的人容易被转化成我们的用户。

下面是选取竞价关键词的一些常见方法。

从产品入手。因为竞价排名的特点是不点击不扣费,所以我们在选择关键词时,可以把所有与产品有关的词全选上。比如办公用品厂商做竞价时,就可以把具体办公用品名称、型号都列出来。

从口语入手。很多产品的书面语和口语并不相同。比如对于秃顶来说,书面语一般叫脱发,而口语则叫掉头发。很多用户习惯了口语,所以在使用搜索引擎时,也会用口语的词汇进行搜索。所以我们在选词时,也应该把相关的口语全部选上。

从别名入手。有一种蔬菜叫芸豆,学名叫豆角。但是换一个地区豆角远不止这两个名字,它还有四季豆、豇豆、菜豆等称呼。所以我们在选择关键词时,也应该把这些产品的别名考虑在内,因为在不同地域的语言系统中,它的名字可能是不一样的。

从地域入手。对于一些全国性的用品,可以把所有与地域有关的关键词都选出来。比如鲜花公司,就可以选择"地名＋鲜花"这类的关键词,如北京送花、上海送花、深圳送花等。

从品牌入手。如果产品涉及的品牌很多,也可以用"品牌＋产品"的方式选词。比如若是一家手机网站做竞价,就可以选择三星手机、小米手机、苹果手机之类的关键词,甚至结合前面说的,把具体型号也写上。

从人群相关词入手。有些词不是我们的目标关键词,与我们的业务或是产品没有直接联系,但是这些词背后的人群可能与我们的潜在客户群高度重合。比如关注美国留学、外企招聘的网民,都可能有学习英语的潜在需求,也可能是我们的潜在客户。

深度拓展。我们可以沿着目标关键词,深入挖掘出更多的关键词。比如网络推广是主词,然后顺着这个主词,我们可以深入挖掘出网络推广工具、网络推广方法等更具体的词。

广度拓展。除了深度挖掘，还可以横向拓展。比如我们的主词是网络推广，而横向延伸，还可以拓展出网络营销、电子商务等相关的词。

考虑英文词。如果我们的产品有英文别名，那同样可以将这些英文词列出来，不要低估用户的英语普及程度。

二、引导页提升转化的影响因素

即使选的词精准，通过该词带来的用户有很强的消费欲望，但是也不代表用户来到我们的页面就会马上下单。将用户吸引到页面中，只是完成了第一步，能不能让用户下单，还要看引导页能不能打动用户。而引导页就是用户搜索第一个词后，点击进去所看到的页面（也叫落地页）。一个成功的引导页，应该围绕用户行为及特点设计，符合下面几个要求：根据目标用户群的特点与喜好进行设计、能够给用户足够的信任感、提供的内容是对用户有帮助的、能够解答用户心中潜在的问题、能够促使用户留下信息或与我们取得联系。

可以增加用户信任度、提升转化率的页面元素主要有以下几点。

（1）网站页面要专业。很多企业忽略了网站本身的建设，如果网站粗制滥造，就相当于现实中公司的办公室破破烂烂，肯定会影响到客户对我们的信心，影响成交率。所以对于网站建设，一定不能糊弄，风格尽量大气一些，整体设计要专业，尽量要跟自己企业特点特征相符。

（2）网站内容要注重。在网站更新内容时，应该符合基本的排版要求，如果有文章配图，应该进行美化处理，不要出现图片失真等情况。

（3）联系方式要详细。网站里面的联系方式越详细越好，不要只留一个手机号或者一个 QQ 号。如果连个固定电话都没有，让客户难以相信。推荐使用 400 或 800 电话。

（4）重点突出合法性。将企业营业执照、资质证明等各种证件在网站中展示，将大大打消客户的疑虑，提升企业的诚信度。

（5）背景介绍要突出。如果公司的历史比较悠久，或者富有一定的传奇色彩，则可以将这些故事写出来。如果公司的创始人、领导等本身就拥有一定的品牌和背景，则可以用相关栏目专门介绍领导。如果企业曾经被媒体报道过，一定要将相关报道放置在网站上，达到一定数量可专门开辟一个相关的栏目进行展示。要充分利用文字、图片、视频等,将以上这些元素展示和演绎。注意应该建立在事实的基础上,不能过分夸大甚至脱离实际。

(6)客户见证。客户见证可以坚定用户信心,打消用户的疑问。所以要多用文字、视频、图像等将我们的客户充分展示,如果能够让客户来现身说法,效果就更明显了。

(7)零风险策略。用户不选择成为我们的客户,一定是因为有各种各样的疑虑,而打消用户疑虑最有效的方法就是零风险策略,对于没有任何风险的事情,用户一定愿意尝试。例如,淘宝网中承诺7天包退、1个月包换的网店往往就比不承诺的店铺销售业绩要好。

(8)客户答疑。在页面中可以考虑设置一个焦点问题解答的栏目,将那些典型的问题、用户反映集中的问题列出来并给出答案,特别是要把用户心里最担心的那些顾虑解答清楚。这样做既可以节省时间,又可以增加页面的转化率。

三、底层营销的特点

百度底层营销,即百度相关热门搜索。当用户在百度中以某些关键词进行搜索时,百度就会对此作出记录,当同一个关键词被搜索次数多了,就会被记录在相关性中,当用户输入词搜索时下拉列表框就会自动提示。

百度底层营销是一个不错的 SEM 方法,可以增加曝光率,提升品牌知名度,或是引导用户进入我们的网站。具体的操作方法可以采用如下几种方法。

人工搜索。对于一些搜索量小、简单的词。通过人工的方式就可以达到目的。注意最好多找一些好友,在不同的电脑上用不同的 IP 单击。

软件点击。对于一些搜索量比较大的词,用人工的方式搜索比较困难。可以选择用软件点击。将网址设置成需要点击的关键词地址,然后不间断开机使用软件点击即可。

在网站上设置广告。可以在自己的网站上挂广告的形式引导用户帮我们点击。例如,可以设置一个制作精美、让人看了很有点击欲望的广告,然后把广告地址设置成我们要点击的关键词地址。

除了以上方法外,我们还可以通过各种网络推广方法来操作。例如,论坛推广、软文推广等均可。

本节任务

任务背景

黑牛旅游网主推北京郊区游和大连观光游的广告创意。广告诉求点是黑牛品牌,着力点是安全、放心;二是低价位高享受,着力点为价廉物美。旅游的时间包括一日游和周末两日游。

任务要求

请你根据该网站的产品特点,想一想选择哪些关键词去做竞价排名?

1. 名词解释

底层营销

2. 简答题

选择竞价关键词的常用方法有哪些?

提升页面转化率的元素有哪些?

竞价排名的特点是什么?

☼ 任务目标

一、了解网络营销引导的方法；

二、了解网络营销效果监控与评测的基本方法。

☼ 知识储备

一、网络营销引导的方法

前面给大家介绍了网络营销的多种方法，面对如此多的方法，我们该如何选择？针对这个问题，行业专家们总结出网络营销的引导法。通过下面的步骤，不论要推广什么产品，都可以在最短的时间内找到适合自己的方法和策略。

（1）在开始推广一个项目前，首先要明确目标。例如，是为了追求流量、注册量、销售量、品牌知名度等。目标不明确，方向就可能会出问题。

（2）确定目标后，接下来要明确能够帮助实现目标的用户。对于网络来说，通常有这么几类用户：能够带来收入的用户、能够带来流量的用户、能够带来内容的用户、能够带来口碑的用户、能够带来品牌与权威性的用户。

（3）明确目标用户群后，还要细化目标用户群，明确用户的特征。例如，某卖家销售饰品，主要面向 18～25 岁的女性。从表面上看，这个答案没有问题，但是细分析起来，这个群体并不是一个具体的目标用户群。因为并不是这个年龄段的所有女性都会购买此产品。因此，还需要了解最可能购买此产品的用户大概是以什么职业为主、文化层次如何、消费能力如何等。除开这些自然特征，还要针对她们的喜好去制订营销策略，比如时尚型的喜欢追逐潮流，有的成熟稳重的却喜欢有内涵的事物。除开这些特征外，还要研究用户需求，例如这些目标人群上网是喜欢看新闻还是看小说，是喜欢看服装搭配类的内容还是喜欢看美容化妆类的文章等。用户的这些需求,决定了我们下一步要准备什么样的推广素材。

(4)明确了目标用户,并研究清楚目标用户的需求后,开始寻找目标用户,明确目标用户集中的平台。这需要结合上述的用户特点和需求进行分析;如果用户的主要需求是浏览文章,那就将目标用户常去的网站找到;如果用户上网做得最多的事是与人交流,那就要弄清楚是在哪一类主题的 QQ 群中交流;如果用户喜欢用搜索引擎查找信息,那就将用户经常搜索的词全部列出来。这些渠道列得越细越好,比如用户喜欢到论坛交流,一定要把所有的目标论坛全部找到并列清单。

(5)接下来就需要结合用户特点和我们的产品特点来打动用户。首先是查找信息,如果这类用户上网的第一个行为就是查找信息、查询资料,我们就要分析是通过搜索引擎搜索、通过百度知道等网站提问、还是论坛或者 QQ 群交流。如果用户获取信息的主要手段是通过搜索引擎,那 SEM、SEO 就是一定要用的。而且要尽量把用户可能搜索到的词汇全部列出来。如果用户获取信息的主要手段是百度知道这一类的平台,那问答推广则是主要手段。建立问答推广团队是必需的。

(6)当用户通过获取到的信息进入自己感兴趣的页面后,会开始浏览相关信息。在这个环节,我们就要了解用户最关心的问题有哪些,如价格、口碑等,然后将用户最关心的问题一一展示和重点介绍。

(7)有一部分人可能会选择直接购买,也有一部分人会选择先联系在线客服进一步了解。这就需要我们建立一套标准化和流程化的话术体系。

(8)在联系完客服后,可能还会有一部分不放心,这时就需要我们适当做一些品牌推广,比如在大的媒体上进行新闻推广、软文推广,在论坛进行口碑推广等。

如果前面的步骤都执行到位了,大致的策略和方法就已经清楚了,接下来需要将它们梳理清楚,落实到纸面形成方案,执行到底即可。

二、网络营销效果的监控与评测

(1)建立合理的营销目标。营销目标要细化和量化。可以根据以往的经验数据推算。如果没有经验可以借鉴,那可以拿出少部分的资金,在小范围内进行测试。也可以参考同行数据,如果业内同行公布他们的一些数据,可以借鉴或者通过交流的方式,直接询问情况。还可以通过行业调查数据,有许多专业的数据公司会公布各种行业数据,我们可以直接借鉴这些报告中的数据。

(2)数据监控是很重要的一步。对于数据监控可以选择监控工具,比如对于网站的流量统计,就可以选择百度统计、网景统计等。同时可以建立详细的数据监测表,定期、定数据监测。

营销推广,若想提升效果,就要不停地培养渠道并对渠道进行优化。不同的渠道,具体优化方法各有不同。

本节任务

任务背景

仁爱医院准备进行网络营销推广,他们医院主要针对的患者是 20 ~ 49 岁之间的女性,为她们提供妇科类的医疗服务。

任务要求

1. 请你帮助分析患者上网主要是通过什么方法来获取相关医院的信息?

2. 该医院的潜在服务患者最关心的问题有哪些?

3. 网络上面有没有类似的同行在提供这些服务? 有哪些值得仁爱借鉴?

课后思考与练习

1. 简答题

网络营销的引导分为哪几步? 请简述。

网络营销效果的监控与评测怎么去做? 请简述。

细化目标用户群,明确用户的特征可以从哪几个方面去做? 请简述。

参考文献

［1］龚铂洋. 左手微博右手微信［M］. 北京:电子工业出版社,2014.

［2］淘宝大学. 数据化营销［M］. 北京:电子工业出版社,2012.

［3］百度百科. Adobe:http://baike. baidu. com/view/7578. htm? fr = aladdin.